◆ 甘肃省科技计划资助项目（编号：22JR4ZA038）阶段性成果
◆ 甘肃省哲学社会科学规划项目（编号：2023YB018）阶段性成果
◆ 兰州大学人文社会科学类高水平著作出版经费资助

收入差距、比较优势演进与企业出口行为

龙世国◎著

中国社会科学出版社

图书在版编目（CIP）数据

收入差距、比较优势演进与企业出口行为 / 龙世国著. -- 北京：中国社会科学出版社，2024.12.
ISBN 978-7-5227-4459-9

Ⅰ．F124.7；F752.62

中国国家版本馆 CIP 数据核字第 2024WN4016 号

出 版 人	赵剑英
责任编辑	王　曦
责任校对	阎红蕾
责任印制	戴　宽
出　　版	中国社会科学出版社
社　　址	北京鼓楼西大街甲 158 号
邮　　编	100720
网　　址	http://www.csspw.cn
发 行 部	010-84083685
门 市 部	010-84029450
经　　销	新华书店及其他书店
印刷装订	北京君升印刷有限公司
版　　次	2024 年 12 月第 1 版
印　　次	2024 年 12 月第 1 次印刷
开　　本	710×1000　1/16
印　　张	13
字　　数	206 千字
定　　价	69.00 元

凡购买中国社会科学出版社图书，如有质量问题请与本社营销中心联系调换
电话：010-84083683
版权所有　侵权必究

前　言

改革开放以来,特别是加入世贸组织后,中国对外经贸发展取得了举世瞩目的成就,已成为世界第一大出口贸易国。外贸已经成为拉动中国经济增长的"三驾马车"之一,对于稳经济促发展发挥着重要作用。然而,从19世纪初英国经济学家大卫·李嘉图(David Ricardo)提出的古典贸易理论,到20世纪瑞典经济学家伊莱·赫克歇尔(Eli Hechscher)和伯蒂尔·俄林(Bertil Ohlin)提出的新古典贸易理论,再到20世纪末保罗·克鲁格曼(Paul Krugman)创立的新贸易理论,最后到麦克·麦丽茨(Mac Melitz)为代表的企业异质性贸易理论,这些主流国际贸易理论始终聚焦从国家间技术差异、要素禀赋和企业异质性等供给侧视角来解释贸易基础、贸易模式和贸易利益。供给侧固然重要,但消费者的有效需求也是极为重要的,因为需求一定意义上是生产的导向,但由于受制于位似偏好和代表性消费者假设的限制,进而导致从需求侧进行理论研究的难度较大。然而,在Linder(1961)提出重叠需求理论后,学术界对需求侧的关注逐渐增强,尤其在企业异质性贸易模型逐渐得到学术界认可后,较多国际贸易领域的学者开始对异质性消费者发起探索研究,这使得研究焦点从供给侧逐渐转向长期被忽视的需求侧,从而出现了越来越多需求侧视角的国际贸易理论与经验研究进展,但大部分研究是在宏观层面进行了相关分析。

本书在Bernard等(2007)的比较优势理论框架下,借鉴Egger和Habermeyer(2019)的研究,设定非位似偏好和异质性消费者的假定,将收入差距嵌入模型分析框架中,以收入差距影响需求结构为着力点,分析收入差距对比较优势的形成、企业生产率以及出口行为等方面的影响，并揭示其中的内在影响机制。具体来说，本书主要解决以下三个方面的问题：（1）收入差距如何嵌入一般均衡理论模型？（2）收入差距影响比较优势的机制是什么？收入差距扩大将使技术密集型行业产品的比较优势提升还是下降？（3）收入差距是如何影响本国企业全要素生产率的？目的国收入差距如何影响企业的出口行为？（4）收入差距影响重叠需求的理论依据是什么？收入差距相似性是否影响了企业的出口规模、出口存活率和产品范围？

"导论"部分简要介绍了研究背景与意义、研究思路与研究内容、主要研究方法以及可能的创新与不足。在导论之后，本书的主要内容安排如下：

第一章首先从理论和经验上梳理关于非位似偏好、异质性消费者与需求加总的相关文献，提出本书研究收入差距的理论来源；然后梳理关于收入差距和重叠需求对国际贸易影响的相关文献；接着分别从需求侧视角和供给侧视角对比较优势和企业出口行为进行梳理和归纳，最后对前述文献梳理归纳并进行简要评述。

第二章主要借鉴 Rydzek（2013）、Egger 和 Habermeyer（2019）的理论模型中需求侧的设定，刻画出收入差距通过影响需求结构，进而影响比较优势、企业全要素生产率、出口行为的机制，并进一步试图将收入差距替代此前重叠需求理论中的人均收入，以两国间收入差距的接近程度来衡量需求重叠程度，理论分析收入差距相似性对企业出口行为的影响。

第三章旨在对收入差距、比较优势演进和企业出口行为进行了特征性事实分析，其中既包括针对全球的特征性事实分析，也包括针对中国的特征性事实分析，以期为后文研究收入差距对比较优势和企业出口行为的影响提供初始数据支撑。

第四章和第五章开始讨论收入差距对比较优势演进的影响。第四章通过使用各国的贸易数据和收入差距数据，考察收入差距对比较优势的影响，而且贸易自由化对各行业的微观企业均存在资源重置效应，进而影响各行业的企业生产率，最终导致产业的比较优势有所改变，所以将关税变量、基尼系数变量和加权关税变量的乘积加入计量模型之中，考察收入差距与贸易自由化对比较优势的共同影响。

第五章则考察比较优势的微观现实特征——收入差距对企业全要素生产率的影响。全要素生产率在一定程度上能够体现出比较优势，所以通过使用中国工业企业数据库计算了企业全要素生产率，进一步考察收入差距是否会通过影响需求结构，进而影响工业企业的全要素生产率。

第六章和第七章开始转入收入差距对企业出口行为的考察。第六章通过使用中国海关进出口贸易数据库，考察目的国收入差距对中国制造业企业在出口进入率、退出率、出口持续时间等方面的影响。

第七章定义两国基尼系数差值的绝对值作为两国收入差距相似变量，进一步考察以收入差距衡量的需求重叠程度是否对企业在出口规模、出口存活率与出口产品范围等方面产生了影响。

第八章是本书的主要结论、对策建议与研究展望。

基于上述结构安排的研究，得出的主要结论是：

第一，收入差距的扩大将有助于提升技术密集型行业的比较优势，而不利于劳动密集型行业比较优势的提升，各国收入差距的扩大会导致其对应的比较优势越发明显。贸易自由化程度低的国家在劳动密集型行业中具有较强的比较优势，贸易自由化程度高的国家在技术密集型行业中具有较强的比较优势。收入差距扩大导致劳动密集型行业的比较优势降低，收入差距与技术密集型行业的比较优势之间存在倒"U"形关系，收入差距在一定范围内的适度扩大，将导致技术密集型行业产品的比较优势提升，而当收入差距超过一定的数值时，收入差距扩大会导致技术密集型行业产品的比较优势下降。

第二，收入差距与企业生产率之间存在倒"U"形关系，当收入差距低于某一临界值时，适度扩大收入差距会导致企业的全要素生产率上升；当收入差距高于某一临界值时，收入差距的扩大会抑制企业全要素生产率提升。人口规模和人均国内生产总值作为影响需求规模和需求结构的关键指标，同样对企业生产率提升起到重要作用。在分地区进行讨论时，发现东部地区和中部地区的平方项系数明显大于西部地区的平方项系数。

第三，目的国的收入差距越大，中国企业出口到该市场的新进入率越高；目的国的收入差距、人口规模和人均GDP越大，中国企业出口到该市场的出口退出率越低、出口持续存在率和平均出口持续存在时间越高。此外，收入差距的平方项对出口持续存在率、出口退出率的回归系数并不显著，而对平均出口持续存在时间、出口新进入率的回归系数分别为-0.001与-0.003，且均至少在5%的水平上显著，表明目的国收入差距对企业的平均出口持续存在时间与出口新进入率产生倒"U"形影响。

第四，收入差距越相似的两国间贸易额越高，按收入差距衡量的重叠需求从扩展边际和集约边际两个方面影响了出口规模；两国收入差距越相似，其出口企业的集中度越低、每家企业平均HS-6位编码出口产品数量越多、每种HS-6位编码产品平均出口企业数量越多；企业出口到与本国收入差距越相似的国家，会使其面临越低的进入率和退出率、越高的存活率，企业的产品进入率和新产品出口占比也会越低，且企业的产品退出率越低。收入差距相似性对制造业企业、奢侈品和必需品企业存在异质性影响。

基于以上主要结论，本书提出了四点对策。

一是实行高水平对外开放以促进经济高质量发展。首先，中国应以扩大内需为战略基点，充分发挥超大规模市场内需潜力，吸引外资、跨国企业参与到国内经济循环活动中来，实现创新链、供应链、产业链和价值链的补链、扩链、强链，促进经济高质量发展。其次，通过实行高水平对外开放，倒逼国有企业改革，推动国有经济布局优化和结构调整，提高国有资本配置效率，清除国际市场中的无效资产，集中力量攻克核心技术，积极参与国际标准制定，增强国内国际经济联动效应，形成一批在国际资源配置中占优势地位的领军企业。

二是推动需求侧管理与供给侧结构性改革有效协同。收入差距会影响有效需求，进而对比较优势、企业全要素生产率和企业出口行为等产生影响。因此，中国不仅要注重供给侧结构性改革，而且要进行需求侧管理。具体而言，一方面，可以通过降低居民杠杆率、完善收入保障政策、优化消费环境等措施，提升和扩大内需；另一方面，可以通过提升产品质量、研发新的产品等方式满足消费者的需求，激发市场活力，创造新的市场需求，形成供给创造需求的良好局面。

三是收入差距对于经济发展是一把"双刃剑"。在贸易开放和经济快速发展的进程中，收入差距扩大是必经阶段。通常情况下，只要讨论收入差距或者收入不平等，就会联想到其对经济社会发展的危害性。本书从需求侧角度出发，研究发现收入差距扩大并非对经济发展一无是处，这也涉及经济学研究中的经典命题之一，即公平与效率之间的选择，收入差距的适度扩大能够促进经济向高质量、高附加值与高层级产业发展，但如果一国的收入差距长期维持较低水平，可能不利于经济发展，我们要在承受收入差距负面影响的同时，积极挖掘收入差距带来的正面作用。收入差距既不是越大越有益于经济发展，也不是越小越有益于经济发展，所以中国要使用再分配政策、税收政策将收入差距调控至合理区间，以促进中国高端比较优势的形成和企业生产率的提升，进而促进企业全要素生产率提升。

四是企业应该根据收入差距选择出口市场。从宏观上看，政府应该对出口导向型经济发展战略作出适当的调整，以应对存在的国际市场风险；从微观上看，企业应该调整出口产品结构，不断研发新产品，将国内市场需求和国际市场需求进行匹配，充分发挥国内大市场和国际市场对企业发展的带动作用；企业在选择出口目的国时，应当对相关市场指标进行考察，降低出口风险，才能在国际市场中赚取较高的利润。

目 录

导论 ·· 1

    第一节　研究背景与意义 ··· 1

    第二节　研究思路与研究内容 ·· 5

    第三节　主要研究方法 ·· 8

    第四节　可能的创新与不足 ·· 9

第一章　文献综述 ··· 12

    第一节　非位似偏好、异质性消费者与需求加总 ···················· 12

    第二节　收入差距、重叠需求对国际贸易的影响 ···················· 20

    第三节　比较优势来源的相关研究 ······································ 24

    第四节　企业出口行为的影响因素研究 ································ 27

    第五节　现有研究评述 ··· 31

第二章　收入差距、比较优势演进与企业出口行为：理论分析 ······ 33

    第一节　收入差距对比较优势演进的影响：基准模型 ············· 34

    第二节　收入差距对企业生产率与出口行为的影响：

              理论分析 ··· 44

    第三节　收入差距相似性与企业出口行为：理论分析 ············· 50

    第四节　本章小结 ··· 55

第三章 收入差距、比较优势演进与企业出口行为：特征性事实 …… 57
- 第一节 收入差距的特征性事实分析 …………………………… 57
- 第二节 比较优势演进的特征性事实分析 ……………………… 62
- 第三节 企业出口行为的特征性事实分析 ……………………… 67
- 第四节 本章小结 ………………………………………………… 70

第四章 收入差距对比较优势演进的影响：跨国经验 …………… 71
- 第一节 计量模型、变量选取与数据来源 ……………………… 71
- 第二节 基准回归结果及分析 …………………………………… 75
- 第三节 内生性处理与稳健性检验 ……………………………… 81
- 第四节 进一步回归分析 ………………………………………… 84
- 第五节 本章小结 ………………………………………………… 89

第五章 收入差距对企业全要素生产率的影响：中国经验 ……… 92
- 第一节 计量模型、变量选取与数据来源 ……………………… 93
- 第二节 基准回归结果及分析 …………………………………… 96
- 第三节 内生性处理与稳健性检验 ……………………………… 100
- 第四节 进一步回归分析 ………………………………………… 104
- 第五节 本章小结 ………………………………………………… 112

第六章 目的国收入差距对企业出口行为的影响：中国经验 …… 114
- 第一节 计量模型、变量选取与数据来源 ……………………… 115
- 第二节 基准回归结果及分析 …………………………………… 118
- 第三节 内生性处理与稳健性检验 ……………………………… 124
- 第四节 进一步回归分析 ………………………………………… 127
- 第五节 本章小结 ………………………………………………… 134

第七章 收入差距相似性对企业出口行为的影响：跨国经验 …… 136
- 第一节 计量模型、变量选取与数据来源 ……………………… 137
- 第二节 基准回归结果及分析 …………………………………… 140

第三节　内生性处理与稳健性检验 ……………………………… 151
　　第四节　进一步回归分析 ………………………………………… 153
　　第五节　本章小结 ………………………………………………… 166

第八章　主要结论、对策建议与研究展望 …………………………… 168
　　第一节　主要结论 ………………………………………………… 168
　　第二节　对策建议与启示 ………………………………………… 172
　　第三节　未来研究展望 …………………………………………… 176

参考文献 ………………………………………………………………… 178

后　记 …………………………………………………………………… 193

导　　论

第一节　研究背景与意义

一　研究背景

近年来，随着全球化的逐渐推进，世界各国的收入差距越发扩大，除美国、新加坡等发达国家的收入差距在持续恶化外，还有较多发展中国家的基尼系数也在持续上升且数值较大，例如印度尼西亚的基尼系数在 2020 年已经达到 0.47，中国的基尼系数在 2020 年已经达到 0.42，收入差距已经成为重要的社会问题和经济命题（Atkinson et al.，2011；Piketty & Saez，2013）。

2020 年 5 月 14 日，习近平总书记在中国共产党中央政治局常务委员会会议中首次提出了国内国际双循环的概念，并在中国人民政治协商会议第十三届全国委员会第三次会议中指出："面向未来，我们要把满足国内需求作为发展的出发点和落脚点，加快构建完整的内需体系，大力推进科技创新及其他各方面创新，加快推进数字经济、智能制造、生命健康、新材料等战略性新兴产业，形成更多新的增长点、增长极，着力打通生产、分配、流通、消费各个环节，逐步形成以国内大循环为主体、国内国际双循环相互促进的新发展格局，培育新形势下我国参与国际合作和竞争新优势。"① 中国共产党第二十次全国代表大会提出："依

---

① 习近平：《论把握新发展阶段、贯彻新发展理念、构建新发展格局》，中央文献出版社编 2021 年版，第 352—353 页。

托我国超大规模市场优势,以国内大循环吸引全球资源要素,增强国内国际两个市场两种资源联动效应,提升贸易投资合作质量和水平。"[①] 可见,促进中国经济发展不仅要在供给侧发力进行结构性改革,而且要注重在需求侧进行管理,尤其要积极扩大内需,因而有必要重视影响消费潜力的重要因素,从而形成需求牵引供给、供给创造需求的更高水平动态平衡。2022年12月,中共中央、国务院印发了《扩大内需战略规划纲要(2022—2035年)》。以上论述和举措均表明中国已经将经济发展重心从供给侧逐步转向了需求侧,所以有必要对需求侧方面进行充分讨论探索,培育国际竞争新优势离不开国内市场需求,而国内收入差距与国内市场需求紧密相关,意味着一国的收入差距将直接影响比较优势的形成。

此外,改革开放40多年以来,中国的出口贸易额逐年快速递增,截至2023年中国货物贸易进出口总值为41.76万亿元,同比增长0.2%,其中出口值为23.77万亿元,增长0.6%;进口额为17.99万亿元,下降0.3%,中国已经成为世界上最大的出口贸易国[②]。然而,经济全球化带来了一些负面效应,导致此起彼伏的逆全球化浪潮,例如英国脱欧以及中美贸易摩擦,再加之新冠疫情的暴发加剧了逆全球化态势,致使外部市场环境充满不确定性和波动性,企业的出口风险上升。

在强调供给侧重要作用的同时,必须充分考虑需求侧的重要作用,尤其要识别收入差距对比较优势和企业出口行为的影响,以及收入差距相似性对企业出口行为的影响,进而为培育国际竞争新优势和稳定出口提供有价值的对策建议。

二 研究意义

(一)选题的理论意义

截至目前,较多文献在理论模型中同时设定代表性消费者和位似偏好,导致其研究只关注相对价格和各国的总收入对市场需求的影响,忽

[①] 习近平:《高举中国特色社会主义伟大旗帜 为全面建设社会主义现代化国家而团结奋斗——在中国共产党第二十次全国代表大会上的报告》,人民出版社2022年版,第32页。
[②] 数据来源于联合国商品贸易统计数据库,通过整理计算得到。

略了人均收入、收入分配等需求层面因素对需求结构、生产和出口模式的影响，其代表性消费者和位似偏好的模型设定显然遮蔽了需求侧的重要作用。同时，Melitz（2003）在基于垄断竞争和规模经济的框架下，将异质性企业纳入其中，这使在供给侧方面的研究进一步发展，然而需求侧方面的研究依然停滞不前。本书在已有理论模型的研究基础之上，将非位似偏好和异质性消费者相结合，并将收入差距纳入分析框架，总结了收入差距对经济均衡以及微观企业的影响机制，为从需求侧视角进行的研究提供了一定的理论补充。

在比较优势研究方面，现有文献主要从国家技术差异、要素禀赋和制度质量等供给侧视角进行分析，虽有少部分文献研究需求侧对比较优势的影响，但主要关注的是人均收入，认为需求侧视角下只有人均收入影响比较优势，这揭示出现有研究轻视需求侧的重要影响。本书以收入差距影响需求结构为研究着力点，阐述了收入差距影响比较优势的内在逻辑，为现有比较优势相关研究提供了有益补充。

就重叠需求理论而言，现有相关研究依然集中于人均收入，主要是因为在 Linder（1961）提出重叠需求理论之后，学术界已经习惯采用非位似偏好和代表性消费者的模型，以至学术界认为只有人均收入是影响重叠需求的重要因素。本书在确定收入差距会影响需求结构之后，将研究目标聚焦重叠需求理论，虽然现有研究中已经出现少量文献探索按收入差距衡量的重叠需求对贸易的影响，但依然集中于对总贸易额的研究，缺乏对企业行为的研究。本书在假定收入差距影响需求结构的基础上，进一步探讨收入差距及其相似性对微观企业出口行为的影响，从一个全新的视角来认识企业出口行为的内涵。

（二）选题的现实意义

改革开放以来，中国经济呈现持续高速增长的发展态势，已经成功步入中等收入国家行列，也正逐步从经济大国发展为名副其实的经济强国。但是，随着中国人口红利衰减、"中等收入陷阱"风险累积、国际经济格局深刻调整等一系列内因与外因的影响，中国经济的结构性分化正趋于明显。为适应这种变化，习近平总书记在 2016 年的中央财经领导小组第十二次会议上强调了供给侧结构性改革，指出："要在适度扩大总需求的同时，去产能、去库存、去杠杆、降成本、补短板，从生产领域加强优质供给,减少无效供给,扩大有效供给,提高供给结构适应性和灵活性,提高全要素生产率,使供给体系更好适应需求结构变化。"① 面对日益严峻的国内国际形势和经济形势,习近平总书记在2020年底召开的中央经济工作会议上明确指出:在紧紧扭住供给侧结构性改革这条主线的同时,必须注重需求侧管理,打通堵点,补齐短板,贯通生产、分配、流通、消费各环节,形成需求牵引供给、供给创造需求的更高水平动态平衡,提升国民经济体系整体效能。本书对需求侧管理具有一定的现实参考价值,例如如何制定最优的再分配制度,从而进一步培育完整的内需体系。

中国长期凭借人口红利和低要素成本比较优势,在价值链低端产业中具有比较优势,但随着人口红利逐步减少和生产成本逐步增加,中国制造的比较优势已经逐渐减弱,所以培育新的比较优势以支撑中国的经济和贸易发展已迫在眉睫。而培育国际竞争新优势,不仅要关注供给侧,还要关注需求侧,尤其是要充分发挥国内需求市场的重要作用,全面释放消费潜力,使需求牵引供给,从而培育出更高水平的比较优势。同时,贸易自由化程度不断深化对各国的比较优势也造成了影响。本书为比较优势的培育提供了相应的政策建议,具有一定的现实意义。

企业在出口产品时通常承担较大的风险以及成本,为了避免较大的出口损失,通常需要调查出口目的国的法律法规、需求规模等,而且企业起初只出口较少的产品到目的国,然后通过考察国外销售情况决定未来是否继续出口。如果企业盲目将产品出口到需求规模较小的国外市场,获得的利润不足以抵销出口成本,那该企业将面临较大的损失,因此企业需要在出口前更加精准地判断国外市场需求并积极开拓。出口到适合自身发展的目的国会使其企业获得更高的利润和存活率,由于收入差距是影响需求数量和需求结构的重要因素之一,如果企业在出口前调查目的国的收入差距指标,就可以对出口风险进行评估,本书能够为企业的出口决策提供指导。

---

① 中共中央文献研究室编:《习近平关于全面建成小康社会论述摘编》,中央文献出版社 2016 年版,第 63—64 页。

第二节 研究思路与研究内容

一 研究思路

本书试图分析收入差距对比较优势的影响,研究收入差距及其相似性对微观企业出口行为的影响。本书在异质性企业贸易理论模型的分析框架之下,设定需求侧具有非位似偏好和异质性消费者的假设条件,并提出收入差距影响需求结构的内在逻辑,研究了一系列的相关问题:①收入差距如何影响各国的比较优势,以及这种影响是否存在异质性,贸易自由化和收入差距对比较优势的协同影响是怎样的?②在此基础之上,探索收入差距对中国企业全要素生产率产生了怎样的影响,两者之间是否存在倒"U"形关系。③目的国收入差距对中国工业企业的出口行为产生了怎样的影响?④结合贸易伙伴国收入差距的相似性,继续考察收入差距通过重叠需求对企业出口行为的影响。下面对本书的研究思路进行详细描述。

第一,对贸易领域中现有的理论模型进行了仔细梳理,着重研究理论模型中需求侧的设定,发现位似偏好和代表性消费者排除收入差距及人均收入外的因素对需求规模及结构有影响。此外,通过文献梳理,发现缺乏将收入差距与比较优势结合在一起进行的研究,以及系统分析收入差距对微观企业出口行为的影响的文献。

第二,通过将非位似偏好和异质性消费者嵌入比较优势理论模型,基于收入差距影响需求结构,研究收入差距对比较优势的影响,得到了理论假说1、理论假说2和理论假说3,然后使用跨国面板数据在第四章中实证检验了这三个理论假说。将企业生产率作为体现比较优势的另一种指标,从理论上分析了收入差距对企业全要素生产率的影响,得到了理论假说4,然后使用中国的微观企业数据在第五章中实证检验了该理论假说。研究目的国收入差距对中国企业出口的影响,得到了理论假说5,然后使用中国的海关数据库在第六章中经验检验了该理论假说。收入差距影响需求结构,据此推断出收入差距越接近,国家的需求重叠程度越高,通过分析收入差距相似性对企业出口行为的影响,得到了理论假说6、理论假说7和理论假说8,然后使用出口动态数据库数据在

第七章中实证检验了这三个理论假说。

第三，分别对收入差距、比较优势以及出口行为的特征性事实展开讨论，既包括对全球特征性事实的分析，也包括针对中国特征性事实的分析，从而为实证检验提供一些参考。

第四，在经济学研究中需要在公平和效率之间做抉择，消费者收入的过度平均未必对经济发展有益，而收入差距相差过大也会造成社会问题丛生，因此本书探索了收入差距与比较优势、企业生产率与企业出口行为之间是否存在非线性关系。

二　研究内容

本书共九章，具体内容如下。

"导论"部分简要介绍了研究背景与意义、研究思路与研究内容、主要研究方法以及创新与不足。

第一章是文献综述。第一节主要梳理关于非位似偏好、异质性消费者与需求加总的文献，提出本书研究收入差距的理论来源；第二节主要梳理关于收入差距和重叠需求对国际贸易影响的文献，其中论述收入差距的部分分别从贸易模式、产品质量、贸易福利分配三个方面进行了梳理和归纳，论述重叠需求的部分从人均收入差异和收入差距相似性两个方面进行了梳理和归纳；第三节和第四节分别从需求侧视角和供给侧视角对比较优势和企业出口行为进行梳理和归纳；第五节，在对前述文献梳理归纳的基础上进行简要评述。

第二章是本书的理论基础。首先，本章主要借鉴了 Rydzek（2013）及 Egger 和 Habermeyer（2019）的理论模型中关于需求侧的设定，并将其嵌入比较优势模型中，研究发现收入差距会导致需求结构发生改变，进而对比较优势产生影响，得到了理论假说1、理论假说2和理论假说3；其次，从理论上分析了收入差距对企业生产率和企业出口行为的影响，得到了理论假说4和理论假说5；最后，在已知收入差距影响需求结构的前提下，进一步将收入差距纳入重叠需求理论中，从理论上分析了收入差距相似性对企业出口行为的影响，得到理论假说6、理论假说7和理论假说8。

第三章是对本书研究对象的特征性事实分析。本章对收入差距、比较优势和企业出口行为进行特征性事实分析，其中既包括针对全球的特征性事实分析，也包括针对中国的特征性事实分析，为后文研究收入差距对比较优势和企业出口行为的影响提供初始数据支撑。

第四章是收入差距影响比较优势的跨国经验。根据在第二章提出的三个理论假说，使用各国的贸易数据和收入差距数据，进一步考察了收入差距对比较优势的影响，最终得到的实证检验结果与第二章的理论假说一致。贸易自由化对各行业的微观企业均存在资源重置效应，进而影响各行业的企业生产率，最终导致产业的比较优势有所改变，所以本书将关税变量加入计量模型之中探索了收入差距与贸易自由化对比较优势的共同影响。此外，为研究收入差距和贸易自由化对比较优势的调节作用，本书将基尼系数和加权关税的乘积作为交互项加入模型之中进行了分析。

第五章是收入差距影响企业全要素生产率的中国经验。全要素生产率在一定程度上能够体现出比较优势，所以本书使用中国工业企业数据库计算了企业全要素生产率，并进一步考察了收入差距是否通过影响需求结构影响工业企业的全要素生产率。

第六章是目的国收入差距影响企业出口行为的中国经验。本书使用中国海关进出口贸易数据库，考察了目的国收入差距对中国制造业企业在出口新进入率、出口退出率、平均出口持续时间的影响，并进一步考察了目的国收入差距对中国企业出口行为是否存在非线性影响，而且通过对分区域样本进行回归分析，观察其各项结果是否存在异质性。

第七章是收入差距相似性影响企业出口行为的跨国经验。前几章的理论与经验研究已经充分阐释了收入差距影响需求结构的内在逻辑，本章进一步将收入差距纳入重叠需求理论中，主要考察按收入差距衡量的需求重叠程度是否对企业在出口规模、出口存活率与出口产品范围等方面产生了重要影响。

第八章是本书的主要结论、对策建议和研究展望。首先，对全文进行总结，归纳全文的主要研究结论；其次，针对本书的研究，提出政策建议；最后，总结现有研究的不足并提出未来的研究展望。

第三节 主要研究方法

本书在异质性消费者框架下,以收入差距影响需求侧为主要切入点,研究收入差距对比较优势的影响,进而研究收入差距对中国工业企业全要素生产率和出口行为的影响,最后研究收入差距衡量的重叠需求对企业出口行为的影响。为保证本书的研究结论更具稳健性和可靠性,本书力求多角度、多层次和多方法进行科学分析,采用的研究方法具体归纳如下。

一 文献分析法

本书第一章使用了文献分析法。首先,对相关文献进行了梳理,并在此基础上进行简要评述,主要包括涉及非位似偏好、异质性消费者的概念及相关理论模型的研究,以及非位似偏好、异质性消费者与收入差距关系的相关研究;其次,梳理收入差距和重叠需求对国际贸易相关领域的研究;最后,梳理关于比较优势和企业出口行为的影响因素研究,为后文的数理建模和计量分析奠定了坚实的文献基础,也从现有文献中初步总结和归纳了本书可能的创新与不足。

二 数理建模法

本书第二章主要使用了数理建模法。首先,在 Bernard 等(2007)的模型基础上纳入异质性消费者和非位似偏好,假设异质性消费者凭借技能差异获得不同的技能工资,强调收入差距对需求结构的影响,并进一步在理论基础上考察了收入差距对比较优势的影响。其次,由于学术界缺乏重叠需求影响企业出口行为的理论模型研究,本书利用一个简单理论模型,使用比较静态方法分析两国收入差距相似性对企业临界生产率的影响,并在现有的文献基础上,总结以收入差距衡量的重叠需求对出口企业行为在二元边际、出口存活率和产品范围等方面影响的理论机制。

三 计量分析法

本书第四章到第七章主要使用计量分析法。首先，利用联合国商品贸易统计数据库，根据 OECD 对于贸易产品的粗略划分方法以及先前文献的划分方法，将部分产品分别定义为劳动密集型行业产品和技术密集型行业产品，计算出各国在技术密集型行业和劳动密集型行业的比较优势指数，进而分析了收入差距对各国比较优势的影响，以及收入差距与贸易自由化对比较优势的交互影响。其次，本书利用中国工业企业数据库和中国海关数据库，考察了收入差距对中国工业企业的全要素生产率和出口行为的影响，并采用多种方式进行稳健性检验。最后，利用重叠需求概念构建了收入分配相似性变量，研究了两国收入差距相似性对企业出口行为的影响，并利用不同的计量方法和样本进行了异质性分析和稳健性检验。

第四节 可能的创新与不足

一 可能的创新

（一）丰富了需求侧的研究视角

Dixit 和 Stilitz（1977）提出的不变替代弹性（Constant Elasticity of Substitution，CES）效用函数垄断竞争模型已成功地被广泛应用于经济领域（Brakman & Heijdra，2004）。然而，现有国际贸易领域中的理论模型同时设定了代表性消费者和位似偏好的假设条件，导致学术界大部分研究只注重相对价格和各国的总收入对市场需求的影响，忽略了人均收入、收入差距等需求层面因素的重要作用，导致较少文献关注需求侧对总需求结构及其对生产和出口模式的影响。本书在已有研究的基础上，在需求侧设定为非位似偏好和异质性消费者，将人均收入、收入差距与需求结构相联系，进一步将收入差距与重叠需求理论联系在一起，有益补充了当前需求侧视角研究的不足。

（二）将收入差距嵌入比较优势的理论模型

以往关于比较优势的理论模型主要从供给侧角度对比较优势的来源进行解释，如从要素禀赋、金融发展、制度质量的角度进行研究，但从需求侧角度对比较优势影响的相关研究相对较少。本书主要借鉴 Rydzek（2013）及 Egger 和 Habermeyer（2019）的研究，在理论模型的需求侧中设定异质性消费者和非位似偏好的假设条件，并将 Melitz（2003）贸易模型扩展至异质性企业在生产过程中使用两种生产要素，在一般均衡分析框架下，将国内收入差距与需求结构进行了衔接，构建了收入差距影响比较优势的一般理论模型，并且进一步考虑在开放条件下收入差距对比较优势的影响，丰富了比较优势相关的理论研究。

（三）丰富了微观企业出口的影响因素研究

以往关于企业出口行为的研究大多基于供给侧视角，鲜有文献分析需求侧对微观企业出口行为的影响，而企业的出口行为不仅受到自身生产率的影响，而且受到贸易自由化、金融发展、制度环境等外部经济环境的影响，因此本书在设定收入差距影响需求结构的前提下，分析收入差距对企业出口存活、出口退出以及出口持续时间等方面的影响，从而丰富了微观企业出口的影响因素研究。

二 存在的不足

（一）理论模型有待拓展

在理论模型方面，本书主要存在以下几点不足：第一，本书的理论模型纳入了非位似偏好因素，应用的函数是一种比较特殊的价格无关广义线性（Price-Independent Generalized Linear，PIGL）效用函数，能够有效解决异质性消费者需求的加总难题，但该效用函数只是 CES 效用函数的复合函数，导致本书与之前 CES 效用函数框架下的设定基本保持一致，模型中的成本加成仍然是固定的，实际上替代弹性不变的模型设定与现实情形存在较大差异。近年来，关于可变替代弹性（Variable Elasticity of Substitution，VES）效用函数框架下的理论模型逐渐增多，如果未来能找到容易实现异质性需求加总的 VES 效用函数，将使研究更有理论价值。第二，本书在异质性消费者框架下进行了模型构建，但仅考虑了消费者收入存在异质性的情形，实际上消费者的异质性还有其他的体现形式，如消费者口味偏好、年龄差异等，如果未来的模型中能够体现消费者的多种异质性，将更具研究价值。

（二）数据的时间跨度有待扩充

本书研究了收入差距对比较优势和企业出口行为的影响，但由于数据来源的局限性，不能直接计算出每个国家的收入差距指标，只能使用其他机构衡量的各国的基尼系数，导致变量衡量较为单一。此外，本书参考的收入差距数据库中部分国家的数据有缺失，所以本书缩短了分析样本时间。而且，出口动态数据库（Exporter Dynamics Database, EDD）只包括了38个发展中国家和7个发达国家在1997—2014年的数据，所用数据的样本也比较有限。在分析收入差距对中国工业企业的影响时，本书参考了中国工业企业数据库和中国海关进出口数据库，考虑到数据的可获得性和可靠性，使用了2000—2007年的数据。

（三）缺乏机制检验和门槛分析

本书虽然分析了收入差距在中观层面和微观层面的影响，但由于部分数据的不可获得性，本书中并未进一步做机制检验，而且在探索收入差距与比较优势、企业全要素生产率等对象是否存在倒"U"形关系时，只进行了简单的评估，并未进一步对其进行门槛检验，这些不足将是未来的研究方向。

第一章　文献综述

通过对相关文献的梳理归纳可知，现有研究大多是从供给侧视角研究比较优势和企业出口行为，缺乏从需求侧视角进行的研究，尤其缺乏关于收入差距对微观企业出口行为的影响的文献。围绕研究主题，本章对相关研究文献进行了详细的梳理和回顾。

第一节　非位似偏好、异质性消费者与需求加总

一　非位似偏好的理论与应用研究

在位似偏好假定下消费者对产品的边际消费倾向是不变的，即消费者收入的增加将导致其对各种产品的消费同比例增加，因而消费者收入扩展曲线是一条从原点出发的直线，这意味着只计算了总收入对总需求的影响。但实际上，消费者对每种产品的支出份额并不是一成不变的，如消费者对高质量产品（奢侈品）的支出份额会随着收入的增加而增加，且增加的幅度会更大，低质量产品（必需品）的情况则正好相反，换言之，消费者对产品的平均消费倾向会随着收入的增加而不同，这主要取决于产品的质量或属性。

很显然，位似偏好假定并不符合上述消费行为特征，只有拟位似偏好假定和严格的非位似偏好假定才符合上述消费行为特征。拟位似偏好假定可以确保平均消费倾向随收入的变化而变化，但边际消费倾向恒定不变，所以其收入扩展曲线仍然是一条直线，但不是从原点出发。假设经济中有两个收入同为 R 的消费者，将其中一个消费者的收入重新分配给另一个消费者，会使两个消费者的收入变为 R_1 与 R_2，但由于收入

扩展曲线仍然是直线，收入分配前后对同一种产品的总消费量不会产生任何影响，这意味着只有总收入和平均收入会影响社会的总需求，因而拟位似偏好并不能很好地刻画现实情况。但是，在严格非位似偏好的假定下，其所对应的收入扩展曲线不再是一条直线，消费者用于购买高质量产品（奢侈品）的收入扩展曲线为凸函数形状，而用于购买低质量产品（必需品）的收入扩展曲线为凹函数形状，且社会总需求是收入扩展曲线上每个点的加总，因而社会总需求与每个消费者的收入有关，这意味着消费者的收入差距会影响社会总需求。

通过上述对位似偏好与非位似偏好的阐述，可知非位似偏好假定更契合现实中消费者的消费行为，而且可以利用非位似偏好假定来探讨需求侧方面的问题。由于非位似偏好假定的现实刻画能力，学术界开始将其应用到数理模型的构建中，且该假定受到学术界的广泛认可与追捧，正逐渐成为新的研究热点（Bertoletti & Epifani，2014；Bertoletti & Etro，2017、2022；Bertoletti et al.，2018）。

（一）非位似偏好与产业结构转型

产业结构转型是现代经济发展的一个典型性特征，随着各国经济的发展，各国农业部门的消费支出和增加值份额都会逐步下降，制造业份额将会呈现先上升后下降的趋势，最终服务业将成为主导部门。

关于这一典型性特征，一部分学者从供给侧技术变化的视角进行解释（Ngai & Pissarides，2007；Herrendorf et al.，2013；Boppart，2014；Acemoglu & Guerrieri，2008；Alvarez et al.，2017），另一部分学者尝试从需求侧视角对此典型性特征进行解释，此类文献通常在理论模型中假定代表性消费者具有非位似偏好，从而发现人均收入是影响需求结构的重要因素，进而驱动了国家内部的产业结构转型（Herrendorf et al.，2013；Matsuyama，2019；Comin et al.，2021；Alder et al.，2022）。具体来看，Herrendorf 等（2013）分别从最终消费支出和增加值消费视角对农业、制造业和服务业进行分类，其中从消费支出视角得出的估计结果表明，收入对产业结构转型升级的影响巨大；然而从增加值视角得出的估计结果表明，影响结构性变化的主要驱动因素是相对价格。Comin 等（2021）使用非位似 CES 偏好构建了动态增长理论模型，主要研究驱动产业结构变迁的需求侧和供给侧因素，他们通过利用美国的消费支出调查数据（Consumer Expenditures Survey，CES）和印度的国家抽样调查数据（National Sample Survey，NSS）以及模型的估计参数，实证分析了产业结构转型的驱动因素，并将其分解为收入效应和价格效应，该研究发现收入效应是影响产业结构转型的重要驱动力，其数值可占总效应的80%以上。Alder等（2022）研究发现跨期动态模型中不能嵌入以往文献中通常使用的Stone-Geary偏好和价格无关广义线性（Price Independent Generalized Linearity，PIGL）偏好，他们在构建理论模型时最终使用了一类跨期可加性（Intertemporal Additive，IA）偏好，并利用美国、英国、加拿大和澳大利亚的最终消费支出数据进行了实证检验，检验结果证实了人均收入对产业结构转型有重要的驱动作用，收入效应不但导致农业单调下降，而且导致制造业呈现出"驼峰型"变化。

（二）非位似偏好与产品定价

随着国际贸易理论的发展，研究视角逐渐从宏观层面转到微观企业层面，相应的微观企业层面的研究越来越多，有一部分学者在传统假定下研究了企业定价行为（Atkeson & Burstein，2007；Goldberg & Hellerstein，2013；Amiti et al.，2014）。但是，在CES和垄断竞争框架下，成本加成具有不变性以及完全传递性，这样的研究结论与现实情况明显不符，要使理论分析与实证分析结果相一致，就必须重新审视需求侧的假定。基于此，一些学者在构建理论模型时用非位似偏好替换了位似偏好，进而证明需求侧因素能够影响企业的定价行为。

在理论模型中嵌入非位似偏好，导致不变成本加成变为可变成本加成，将在一定程度上加剧价格歧视效应，进而使人均收入更高的国家将会面临较低的产品价格。Hummels和Lugovsky（2009）研究发现更大、更富裕（按人均收入衡量）的市场能够吸引更多的企业，加剧了企业之间的竞争，且较高的人均收入会引起更大的促进竞争效应，所以他们预测同一产品的相对价格在相对富裕（按人均收入衡量）的市场中会较低。绝大多数学者研究发现人均收入与成本加成呈正相关，例如，Alessandria和Kaboski（2011）通过实证检验发现可贸易消费品在人均收入水平较高的国家更昂贵。Bertoletti等（2018）基于间接加性偏好和异质性企业构建了一个一般均衡模型，其成本加成将随着消费者收入的增加而增加，而这种收入效应在任何基于位似偏好（Melitz，2003；

Feenstra，2018）或拟线性偏好（Melitz & Ottaviano，2008）的理论模型中均不存在，这意味着企业将会针对不同人均收入的国家进行价格歧视，且贸易自由化带来了消费种类的增加和不完全的成本传递，他们进一步预测发现小型企业在贸易自由化过程中增长更多，并且非位似偏好假定下的福利收益可能比位似偏好假定下预测的数值低得多。

Simonovska（2015）研究发现贸易壁垒使不同生产率的垄断竞争企业能够以特定价格向目的国供应其产品，而且不同国家需求价格弹性会随收入变化而变化，富裕国家的消费者对价格变化的敏感程度不如贫穷国家的消费者，所以公司最理想的做法是在富裕国家将相同品种产品的价格定得更高。他们进一步使用西班牙第二大服装制造商（Mango）在欧洲、亚洲、北美洲等29个市场的销售数据，通过实证研究发现若目的国的人均收入增长一倍，则会导致出售的相同物品的价格上涨18%。Jung等（2019）将异质性企业和消费者非位似偏好嵌入一般均衡模型中，消费者从正消费中获得的边际效用是有界的，导致消费者购买每一种产品时都面临窒息价格，富裕国家的窒息价格更高，反映出富裕国家有更高的支付意愿，这进一步驱动着企业的定价行为，在较富裕的国家，企业面临较低的需求弹性，使其能够赚取更高的成本加成。另外，他们使用经济学人智库（Economist Intelligence Unit，EIU）和全球性国际比较项目（International Comparison Program，ICP）中的价格和收入数据进行了实证检验，发现可贸易品的成本加成和价格与目的国的人均收入之间的确存在正相关关系。

（三）非位似偏好与国际贸易

在国际贸易研究领域，经济学家通常使用垄断竞争的贸易模型对北北贸易进行解释，典型的代表文献主要是Krugman（1979、1980）、Helpman（1981）与Helpman和Krugman（1985），例如Krugman（1980）构建了一个两部门两地区的理论模型，其中假设存在一个差异化产业和一个同质化产业，并且两国之间的贸易行为需要支付运输成本，那么规模较大地区将是差异化产品的净出口国，较多研究围绕本地市场效应进行了研究（钱学锋和梁琦，2007），但模型中的市场规模主要以GDP来衡量，这意味着一个富裕小国和另一个人口众多的贫穷国家的需求结构之间不存在差异。

上述文献基本是从供给侧视角进行理论分析，例如国家间的要素禀赋差距以及经济体的绝对规模差异等，这些研究并未探讨经济规模和人均收入差异等需求侧因素。Linder（1961）首次研究了人均收入对需求结构和国家间贸易量的影响，并从需求构成和生产规模等方面来解释国际专业化的分工模式。Markusen（1986）基于非位似偏好假定，构建了两部门两要素三地区（2×2×3）的理论模型，而且假设对资本密集型产品的需求收入弹性大于1，研究发现南北人均收入差距变大时，北北贸易量相对于南北贸易量增加得更多。Caron 等（2014）基于恒定相对收入弹性（Constant Relative Income Elasticity，CRIE）偏好构建了理论模型，对产品的生产要素密集度与消费需求的收入弹性之间的关系以及贸易缺失难题等进行了研究，结果发现非位似偏好的分析框架至少能够解释三分之一的贸易缺失难题，需求收入弹性与生产技能强度之间的关系在消费模式与生产专业化之间具有很强的相关性，人均收入有助于了解贸易伙伴之间的相互选择，特别是富裕国家与富裕国家之间的贸易份额更高，人均收入在贸易伙伴的选择、贸易结构等方面发挥重要作用。

从经验上看，富裕国家倾向于出口高收入弹性的产品，进口低收入弹性的产品，而贫穷国家倾向于出口低收入弹性产品进口高收入弹性产品。大多数研究贸易模式的文献都假设富裕（贫穷）国家在高（低）弹性产品中具有相对优势，Matsuyama（2015）将非位似偏好嵌入具有本地市场效应的一般均衡模型，并假定两个国家在人均收入和人口规模方面存在差异，研究发现富裕国家较贫穷国家在需求结构方面更倾向于消费收入弹性较高的产品，同时在规模经济和无套利贸易成本的情况下，跨国间的需求结构差异和本地市场效应成为其所对应比较优势的来源。在微观层面上，常用的 CES 偏好意味着消费者将购买全部种类的产品，但实际上高收入消费者能够消费的产品种类比低收入消费者更多，例如 Jackson（1984）使用数据实证检验发现，消费者购买的产品种类随着收入的增加而增加。Ramezzana（2000）基于理论建模研究发现，较高的人均收入水平使消费者对制造业产品的需求更多样化，所以在控制总体市场规模和保证规模收益递增的情况下，人均收入最高的国家将比其他国家存在更多的产品创新，也就存在更多的制造业产品种类，随着两国人均收入的差距降低，两国间贸易的产品种类和双边贸易额也在增加。Foellmi 等（2010）将离散选择效用函数嵌入垄断竞争模型，该形式的偏好设定意味着产品具有不可分割性，即消费者要么购买一个单位的某种产品，要么根本不购买。他们研究发现当两国的人均收入差异很大时，两国之间就不可能进行贸易，在封闭经济条件中，人均收入较高的国家能够提供的产品范围更广泛，而人均收入较低的国家提供的产品范围较狭窄，当两国的人均收入接近时，两国均会出现在世界范围内生产的产品。

二　异质性消费者的理论与应用研究

在供给侧层面，学术界逐渐发现企业在诸如规模、生产力等绩效衡量方面存在较大差异，企业间的异质性对出口结果的重要性已经得到了很好的验证（Eaton & Kortum，2002；Melitz，2003；Melitz & Ottaviano，2008；Eaton et al.，2011）。而在需求侧层面，现有的大多数研究依然依赖于代表性消费者的假定，这虽然能在一定程度上简化模型求解，但要证明这种假定前提是合理的，就必须保证代表性消费者的需求来自异质性消费者需求的加总，这显然与现实情况存在一定差距。如果代表性消费者不能代表异质性消费者的加总，那么使用代表性消费者假定进行理论分析所得出的结论就失去了应有的意义。换言之，这种建模方式忽略了异质性消费者的重要性，尤其是消费者的收入异质性和偏好异质性（Osharin et al.，2014），相应地也忽略了两种异质性对市场需求、企业行为和市场均衡等方面的影响。因而，基于代表性消费者假定得出的一些结论以及政策建议失去了对现实的指导意义。

（一）异质性消费者与国际贸易

基于此，越来越多的学者试图对异质性消费者的研究发起挑战，例如钱学锋和李莹（2017）系统梳理了异质性消费者与贸易利益个体分配的相关文献。当国内消费者的收入存在差异时，不同消费者从全球化进程中获取的贸易福利也就存在差异。Behrens 和 Murata（2012）通过构建垄断竞争的一般均衡模型，探讨了全球化通过产品多样化和价格变化对个体消费者贸易收益的影响，研究发现尽管贸易会降低两国的成本加成，但对消费产品多样化的影响取决于国家的相对地位，收入较低的国家消费的产品种类范围总是扩大的，而收入较高的国家消费的产品种类范围可能是缩小的，最终导致高收入国家的富裕消费者可能会从贸易中蒙受损失，而收入较低的消费者可能会从贸易中获益。

异质性消费者不仅体现在收入方面，还通常体现在消费者的偏好方面，高新（2015）在 Melitz 和 Ottaviano（2008）的理论模型基础上引入了异质性消费者，通过理论研究发现目的国的异质性消费者偏好匹配程度对出口额有显著的正向影响，他进一步使用 2001—2012 年中国和 29 个出口目的国的贸易数据进行了实证检验，结果表明贸易伙伴国之间偏好匹配程度的差异性对中国出口有显著正向影响，例如目的国与中国的偏好匹配程度越高，越会从中国进口价值更大的产品。

（二）异质性消费者与企业行为

随着异质性贸易理论的兴起，越来越多的学者开始把研究视角转向微观企业层面。以 Melitz 为代表的学者揭示了贸易的资源再配置效应，即国际贸易导致资源向更有效率的企业转移，细化到产品层面来看，意味着企业合理化调整其产品组合，一些企业为了应对外国竞争而缩小了其产品范围。然而，当面临更激烈的国际竞争时，也有一些企业扩大他们的产品范围，这主要是因为异质性消费者导致市场细分，企业可以利用这一特征调整其产品范围，例如企业将产品范围扩展至低档市场。

随后，一部分学者在研究异质性企业行为时考虑了异质性消费者（Osharin & Verbus，2018；Mccalman，2020；Kokovin et al.，2024），Osharin 和 Verbus（2018）构建了一个国家内部和国家之间消费者具有偏好异质性的一般均衡贸易模型，通过设定 CES 效用函数中不同消费者和不同国家的替代弹性存在差异，进而将异质性消费者嵌入传统的垄断竞争分析框架中。发现成本加成不仅取决于企业的数量、国家的人口等因素，还与国家内部消费者的偏好分布息息相关，贸易自由化降低了消费者偏好分散小的国家的成本加成，提高了偏好分散大的国家的成本加成，这与 Fan 等（2015）对中国的研究结果基本一致。Mccalman（2020）通过标准贸易模型研究了异质性消费者对企业产品线的影响，发现企业在没有隐性成本的情况下，作出服务某个细分市场的决策是基于边际成本（显性成本）和该细分市场窒息价格的比较，企业选择服务低端市场的程度取决于高端市场的需求强度，这本身取决于市场竞争的强度，企业的产品范围主要受异质性消费者和贸易成本的影响。

三 需求加总的理论与应用研究

在一般均衡模型中，假定消费主体之间存在异质性，得到的消费函数是单个消费者的需求函数，如果要将需求侧和供给侧相衔接，就势必要将异质性消费者的需求函数加总为市场总需求函数，因此需求加总是异质性消费者框架下进行研究的重要理论基础。Antonelli（1886）对需求加总问题进行了很多的研究，大多数研究成果主要应用加总线性 Engel 需求函数（Samuelson，1947；Theil，1955；Gorman，1953、1959；Green，1964；Deaton & Muellbauer，1980；Richard & Stoker，2005），异质消费者的需求函数只有在此情况下才可精确加总为市场总需求函数，例如通过 Stone-Geary 效用函数得到的拟线性支出系统（Quasi Linear Expenditure System，QLES）。如果在理论模型中同时考虑消费者收入异质性和非位似偏好，非位似偏好会使消费者的 Engel 曲线变为非线性形状，导致无法简单加总每个异质性消费者的需求为市场总需求，也意味着总需求将受到总收入以及消费者收入差距的影响。因而，学术界便遇到了一个技术性理论难题，即如何在非位似偏好假设下将异质性消费者的产品需求加总为总需求。

到目前为止，一部分学者通过一些特殊假定成功规避了消费加总难题，即在理论模型中将所有消费者划分为富裕消费者和贫困消费者两类消费群体，同时假定消费者离散选择消费产品和服务，即每个消费者对每个产品的需求数量不超过一单位，消费者并不能从过多消费中增加效用，这种假设条件在保证考虑需求层面的同时兼顾了模型的可操作性（Foellmi & Zweimuller，2006、2017；Tarasov，2010、2012）。此外，其他学者使用一些特殊的效用函数形式对消费聚集问题进行了研究（Fajgelbaum & Khandelwal，2016；Behzadan，et al.，2017）。Muellbauer（1975、1976）通过使用价格无关广义线性（Price Independent Generalized Linear，PIGL）效用函数将异质性消费者加总为一个代表性消费者，PIGL 效用函数的主要优点在于非线性形式的需求函数，在这种情况下，通过计算消费者的平均收入和收入差距可以捕捉收入变化对总需求的影响。

总之，通过梳理现有文献，笔者发现如果在模型中同时考虑非位似偏好和异质性消费者,并且异质性需求能够加总成为市场总需求,那么研究主题就能转化为收入差距对需求结构和经济均衡的影响。

第二节 收入差距、重叠需求对国际贸易的影响

长期以来,国际贸易的收入分配效应一直是研究热点之一。但大多数学者主要研究国际贸易对国内收入差距的影响,即全球化的分配效应。Stolper 和 Samuelson(1941)最早开始研究国际贸易与收入差距的关系,他们在 Heckscher-Ohlin(H-O)理论模型基础上,研究发现在贸易前后均能达到充分就业的情况下,贸易增加了每个国家相对丰裕要素的实际回报,降低了相对稀缺要素的实际回报。随着垄断竞争贸易模型的成熟以及异质性企业贸易模型的建立,一部分学者开始在此框架下研究贸易对收入差距的影响,且发现群体内收入差距是总体经济收入差距的重要组成部分,进而研究了贸易对群体内收入差距的影响(Davis & Harrigan, 2011;Egger & Kreickemeier, 2009;Helpman, et al., 2010)。其中,Egger 和 Kreickemeier(2009)在模型中假定异质性企业主要体现在企业家能力异质性上,每家企业都需要一位企业家来经营,由能力更高的企业家经营的企业效率更高,企业能够获取更高的利润,工人根据受雇企业的生产率情况获得公平的工资,贸易自由化导致高生产率企业自我选择成为出口企业,最终企业家和工人之间以及企业家和工人群体内部的收入差距日益扩大。

一 收入差距对国际贸易的影响研究

古典贸易理论认为国家间发生贸易的根本原因在于技术的绝对差异和相对差异,具体表现为生产率或生产成本的差异;新古典贸易模型通过假设两国在要素禀赋方面存在差异,从而解释了两国间贸易发生的原因。古典贸易理论和新古典贸易理论对于贸易原因的解释,均可总结为国家间的外生比较优势存在差异。新贸易理论以规模报酬递增及不完全竞争为假设条件,认为企业能够通过规模经济而降低价格,从而解释了产业内贸易的存在原因。总而言之,现有的大多数贸易理论都是从供给侧的角度来研究国际贸易的基础和模式,其主要原因在于大多数文献采

用具有位似偏好的垄断竞争模型，忽略了人均收入、收入差距在需求侧方面的作用。近年来，一部分学者在理论模型中同时考虑了非位似偏好和异质性消费者，从而研究了收入差距对需求结构以及国际贸易的影响。

（一）收入差距与贸易模式

产品的需求收入弹性存在差异已经得到了学术界的一致认可，所以一些文献从实证角度检验了收入差距对贸易模式的影响（Mitra & Trindade，2005；Bohman & Nilsson，2007；Dalgin，et al.，2008；Demir et al.，2012；赵锦春和谢建国，2013；Latzer & Simons，2014；谢建国等，2015），其中 Dalgin 等（2008）研究发现收入不平等增加了奢侈品的进口，减少了必需品的进口。Adam 等（2012）考察了一国收入差距对其进口总需求的影响，研究发现不平等对进口总量的确有显著影响，但通过进一步研究发现，收入不平等对于不同国家存在异质性影响，这种异质性主要源自各国的经济的发展情况，即高收入国家的收入差距扩大将增加其进口量，反之，低收入国家的收入差距扩大将减少其进口量。马弘和秦若冰（2020）研究了收入水平和收入分布对集约边际（Intensive Margin）、扩展边际（Extensive Margin）以及产品质量的影响，发现消费者收入水平增加导致对高收入弹性消费品的进口需求增速更快，如果人均收入每提高 1%，会导致高收入弹性消费品的相对进口额增长 6.28%，同时收入分布的右偏对高收入弹性消费品的进口需求影响更大。

（二）收入差距与产品质量

在此基础上，一部分文献假设产品存在质量差异，且不同收入的消费者对不同质量的产品需求存在差异，进而分析了收入差距对产品质量、技术复杂度和产品价格的影响（Choi，et al.，2009；Fajgelbaum，et al.，2011；Adam，et al.，2012；Flach & Janeba，2017；刘嘉伟等，2018；李世刚等，2018；Ciani，2021；Latzer & Mayneris，2021）。其中，李世刚等（2018）研究发现收入分配对产品质量的影响受人口规模和企业固定成本的制约，当人口规模很大、企业固定成本很小时，收入差距的增大会提高产品质量；相反，当人口规模很小、企业固定成本很大时，收入差距的增大会导致对高质量产品的需求不足，进而降低产品质量。刘嘉伟（2018）实证检验了收入差距与出口贸易技术复杂度之间的关系，发现收入差距对出口贸易技术复杂度产生了显著的负向影响，收入差距对非技术密集型产业的出口技术复杂度产生了正向影响，但对技术密集型产业具有显著的负向影响。Ciani（2021）使用保加利亚2001—2006年的数据，研究发现进口国的收入差距与出口产品的单位价值和质量呈负相关关系。

（三）收入差距与贸易福利分配

虽然贸易理论认为自由贸易对各国均有益处，但国内的异质性消费者从贸易自由化进程中所获取的贸易福利存在显著差异，这便涉及贸易福利个体分配方面的研究。Tarasov（2012）研究发现贸易自由化通过收入渠道和支出渠道对消费者产生影响，当贸易成本非常低时，低收入群会由于贸易自由化受益颇多，而当贸易成本足够高时，高收入群体会从降低贸易成本中获得更多的贸易福利。Fajgelbaum 和 Khandelwal（2016）利用近乎理想需求系统（The Almost Ideal Demand System，AIDS）偏好构建了理论模型，发现相对贫穷的消费者获得的贸易福利通常比富裕的消费者要大，而且贸易对低收入国家的低收入消费者相对不利，因为这些国家倾向于专门生产低收入消费者更有可能购买的产品。由于异质性消费者获得的贸易福利存在差异，国际贸易可能会使一些消费者从中受损或获益，导致异质性消费者对贸易政策偏好存在差异，因此有部分文献研究了收入差距与贸易政策制定的关系。例如，Mayda 和 Rodrik（2005）的研究表明要素类型和行业类别都影响着消费者个体对贸易自由化政策的支持程度，人力资本高的国家的消费者个体更有可能支持贸易自由化，受雇于出口行业的消费者个体比受雇于进口竞争部门的消费者更有可能支持贸易自由化。

二 重叠需求对国际贸易的影响研究

此前，多数文献从供给侧角度对贸易模式进行了解释，忽略了需求侧对国际贸易的作用。后来，Linder（1961）提出了著名的重叠需求理论，从需求侧角度重新解释了产业内贸易。在消费者个体层面，由于不同收入阶层的消费者偏好存在差异，收入越高的消费者越倾向于购买奢侈品，收入越低的消费者越倾向于购买必需品，收入越接近的消费者之间的需求偏好越相似。在国家总体层面，一国的人均收入能够反映出代表性需求，高收入国家更偏好于消费技术水平高的高档产品，而低收入国家更偏好于消费满足生活需求的必需品，两国的人均收入越接近，则两国的需求偏好和需求结构越相似（Bergstrand，1990）。重叠需求理论还提出企业不可能生产和出口与本国需求不符的产品，而是首先针对国内市场需求对产品进行创新和生产，当国内需求市场得到充分开发后，企业才会选择出口到国际市场；企业会首先选择出口到偏好相似或人均收入接近的国家，这可以降低出口风险并使出口具有规模效应，所以人均收入越接近的国家之间的贸易规模越大。

（一）人均收入差异与双边贸易流量

在 Linder（1961）提出重叠需求理论之后，多数文献将人均收入作为重要指标来反映国家需求结构，并认为两国的人均收入越接近，意味着两国的需求结构越接近，对应的需求重叠程度越高，两国之间的贸易额越大。Ramezzana（2000）将不可分割的制成品假设嵌入标准的垄断竞争框架中，收入较高的消费者除消费可分割的基本品外，还会消费更多不可分割的制成品。当人均收入水平存在差距的两国在一体化的国际市场上进行产品贸易时，一些产品可能只在一国之内消费和生产，从而可能成为内生的非贸易产品，但随着两国人均收入水平的差距减小，两国之间贸易的产品种类和双边贸易额将会增加。Hallak（2010）通过在理论模型中设定一个参数决定各国在不同质量的品种中支出份额的差异，最终验证了产品质量在贸易中的重要作用；然后使用 1995 年 64 个国家的贸易数据对林德假说进行了实证检验，估计结果显示，在控制其他贸易决定因素后，人均收入相近的国家之间的贸易往来更加密切。Fu 等（2020）利用 1995—2012 年 173 个国家的跨国面板数据，实证检验了林德假说对服务贸易的适用性，估计结果显示，人均收入差异变量对运输、旅游、通信等服务贸易的回归系数均显著为负，表明人均收入水平相近的贸易伙伴之间的服务贸易更加频繁。

（二）收入差距相似性与双边贸易流量

近年来，越来越多的文献表明，除了人均收入会影响需求结构，收入差距也是影响需求结构的重要指标之一，收入差距接近的两国之间的需求结构更接近，因而越来越多的文献用两国的收入差距相似性来衡量需求重叠程度,并实证检验了收入差距相似度对两国贸易的影响(Bernasconi,2013;Braymen & Lam,2014;Eppinger & Felbermayr,2015;Martínez-Zarzoso & Vollmer,2016;Inmaculada & Sebastian,2016)。Inmaculada 和 Sebastian(2010)利用 1980—2003 年 104 个出口商和 108 个进口商的数据,通过构建收入差距相似度指标衡量两个国家在收入差距和人口方面的重叠程度,进一步研究发现收入差距相似性与双边贸易呈正相关关系,平均而言,收入差距相似性每增加 10%,将促使出口额增加近 4%,且对奢侈品的影响比同质产品的影响更大。赵锦春和谢建国(2014)利用收入差距相似度研究了需求结构重叠对中国进口贸易的影响,研究发现重叠需求对中国的进口贸易存在积极的促进作用,且对耐用消费品的影响较初级产品和中间品更大。Bernasconi(2013)通过实证研究得出,收入差距相似性是决定两国贸易规模的重要因素之一,且收入差距相似性由扩展边际和集约边际两个方面共同驱动,两国的需求重叠程度每增加 1 个标准差,双边贸易总额将增加 35%,其中扩展边际和集约边际分别增加 22% 和 13%。Eppinger 和 Felbermayr(2015)利用 1995—2009 年 145 个国家的分类贸易数据,使用引力模型研究发现收入差距相似性与贸易流动呈负相关关系。收入差距相似性不仅对贸易流量产生了重要影响,还对贸易结构产生了影响。Braymen 和 Lam(2014)则分析了收入差距相似性对进口贸易模式的影响,发现收入差距越相似的国家进口需求结构越相似。

第三节 比较优势来源的相关研究

古典经济学家李嘉图揭示,促使两国进行贸易的根本原因不是绝对优势理论,而是比较优势理论,比较优势理论凭借其强大的解释能力在国际贸易理论研究中一直处于非常重要的地位,也是学术界永恒的研究主题之一。自重商主义以来,比较优势理论在国际贸易理论体系中始终处于主要位置。随着新的经济理论和贸易理论的不断发展,已有较多文献将比较优势理论与新的贸易理论相融合,使比较优势理论的内涵越来越丰富。

一 供给侧因素对比较优势的影响研究

在比较优势理论研究初期，李嘉图的比较优势理论是从国家间的技术差异角度，对贸易基础、贸易模式和贸易利益进行分析，所以较多学者以技术差异为研究着力点扩展并完善了李嘉图模型，例如 Eaton 和 Kortum（2002）基于技术差异构建的李嘉图模型充分考虑到了地理障碍因素，证明贸易的比较优势与地理障碍之间存在相互作用。Levchenko 和 Zhang（2014）利用 75 个国家在 50 年间的产业数据和贸易数据，通过研究发现，在发展中国家和发达国家中最初比较优势薄弱部门的生产率反而增长更快，生产率的不均衡增长导致各自比较优势的产生。在 Heckscher（1919）提出要素禀赋理论后，以国家间要素禀赋差异为基础的研究逐渐主导了贸易理论的发展，例如 Morrow（2010）在垄断竞争和规模报酬递增的框架下，构建了一个基于要素禀赋和相对生产率差异的比较优势模型，突出了要素禀赋差异在比较优势来源中的重要地位。

除了强调国家间技术差距、要素禀赋差异对比较优势来源的研究，还有部分学者研究了金融发展在比较优势中所发挥的作用（Matsuyama，2005；Ju & Wei，2011；Manova，2008），其中 Ju 和 Wei（2011）研究发现金融市场的相对规模指标对比较优势具有差异性影响。因为制度水平和性质会影响生产和交易环节，所以在两国技术水平、要素禀赋与消费者偏好均一致的情况下，两国的制度差异也可能会进一步影响一国的比较优势、贸易模式及福利，所以一部分学者研究了制度对一国比较优势的决定性作用（Levchenko，2007；Costinot，2009；Gamberoni, et al.，2010；Krishna & Levchenko，2013）。其中，Levchenko（2007）通过构建模型分析了南北制度差异对比较优势来源的影响，发现制度更优的北方国家将生产制度依赖性产品，而南方国家逐渐减少生产制度依赖性产品，最后可能会使南方国家福利受损。

传统贸易理论通常假设企业是同质的，并将产业和国家作为研究对象，忽略了企业行为在比较优势理论中的作用。自 Melitz（2003）、Bernard 等（2003）的研究发表以来，异质性企业贸易理论已经成为研究的新焦点，而且在此领域涌现出大量极具代表性的研究成果，部分学者将微观层面的异质性企业模型与比较优势模型相结合（Bernard, et al., 2007；Okubo, 2009；Bombardini, et al., 2014），例如Demidova（2008）构建了一个具有异质性企业、技术非对称的理论模型，研究了全球化发展进程中生产率提升和贸易成本下降的福利效应。

二　需求侧因素对比较优势的影响研究

除上述从供给侧角度对比较优势来源进行研究外，少数文献从需求侧角度对比较优势来源进行了研究，最早可以追溯至 Krugman（1980）提出的本地市场效应。Krugman（1980）在垄断竞争分析框架下，假定世界经济中存在两个地区和两个部门，其中两个部门分别具有差别化和同质化，而且两个地区贸易存在"冰山运输成本"（Iceberg Cost），较大的地区在具有规模经济的差异化产品部门中企业数量更多，因此国内市场需求相对较大的国家将成为此类产品的净出口国，这表明市场需求规模与比较优势之间存在一定联系。随着本地市场效应理论的发展与推广，越来越多的学者关注市场需求规模对比较优势的作用，但通常在分析时仅将需求规模与国家经济规模等同，也就是利用 GDP 总量来衡量一国的市场规模。

近年来，学术界逐步将影响需求结构的有关因素纳入比较优势分析框架当中，如人均收入和收入差距。Mani 和 Hwang（2004）考察了初始收入差距在发展中经济体中形成学习模式、动态比较优势和贸易模式的作用，他们研究发现发展中经济体中水平较低的初始收入差距会导致总需求的产生，这种需求模式集中在技术含量相对较低的产品上。在产业保护政策之下，受国内市场需求影响，产生了"自下而上"逐步建立经济技术能力的生产经验，他们通过研究发现收入差距较大的低收入国家更有可能继续出口低技术产品，收入相对平等的低收入国家将逐步发展高技术制造业。Bradford 等（2022）通过构建表述正确，是一种存在多个国家三种商品的贸易模型，研究发现服务业和制造业的比较优势与国家规模和人均收入存在一定的关系，较大和较富裕的国家可能在制造业方面具有比较优势，较小和较贫穷的国家可能在服务业方面具有比较优势，其原因主要有两个方面：第一，随着收入的增加，需求转向服务业的非同质性偏好；第二，服务业的产品差异化程度高于制造业。他们进一步使用 2005—2016 年的数据进行了实证检验，结果显示国家规模和人均收入与制造业比较优势指数正相关，与服务业比较优势指数负相关。另外，部分学者将产品的垂直差异纳入分析框架中，研究了需求侧因素对垂直比较优势的影响，例如 Lazer 和 Mayneris（2021）通过理论分析发现更不平等的国家在高质量品种方面具有比较优势，同时利用 2005—2007 年扩大后的欧盟内部贸易流动的数据进行了经验分析，结果表明一个国家的收入差距对其出口产品的质量有显著影响，这使其在垂直差异化产品方面具有比较优势，而且收入差距对富裕国家出口质量的影响更加积极，表明国内收入差距在推动一国在出口质量升级和比较优势培育中起决定性作用。

第四节　企业出口行为的影响因素研究

在国际贸易理论的探索与发展过程中，新贸易理论打破了传统贸易理论的假设，提出了规模报酬递增和不完全竞争条件下的产业内贸易模式，但新贸易理论的缺点在于假设所有企业是同质的，因此不能很好地解释市场中哪些企业会退出或存活。此外，学术界有大量实证检验发现，国际贸易实际上是较少部分企业的行为，并非所有企业都会选择参与对外贸易，即使同属一个行业，出口企业和非出口企业在企业规模、出口产品种类等方面也存在明显差异，即企业间存在明显的异质性，各企业进入、退出国际市场的行为也存在显著差异。因此，较多文献集中研究了影响企业出口行为的因素。

一　供给侧因素对企业出口行为的影响研究

从供给侧视角出发，研究企业出口行为影响因素的文献主要集中在政策不确定性、金融发展、产权保护等方面。企业在进行出口决策之前，通常需要支付一部分沉没成本，资金相对充裕的企业当然不会受此影响，但沉没成本的存在导致一些资金相对短缺的企业被迫放弃出口，企业如果能从资本市场中获得融资，那么其资金实力将会大大增强，并用于产品的研发创新与生产，进而可以将产品出口到国际市场，所以融资约束是影响企业出口行为的重要因素。例如，Manova（2008）在异质性企业模型中加入了银行信贷约束，通过研究发现企业沉没成本的融资制约对企业的贸易特征具有显著影响，并且在很大程度上影响企业的销售额，使企业难以进入国际市场，同时融资约束在很大程度上限制了企业的产品贸易范围。Nieminen（2020）利用出口动态数据库研究了金融发展对出口行为及出口多样化的影响，研究结果表明金融业高度发达的国家往往出口率较低，但出口企业的存活率较高，主要原因在于国内银行业的发展缓解了信贷约束，降低了出口成本，导致更多的小型企业参与出口。

企业非常注重市场政策的变化，尤其是外部市场的贸易政策、经济政策或产业政策，如果面对的政策充满不确定性，那么企业可能暂停出口行为，或者调整出口规模或出口产品种类，以避免较大的损失。所以一些文献强调了政策不确定性对企业出口行为的影响，例如刘洪铎和陈和（2016）研究了经济政策不确定性对出口行为的影响，发现目的国经济政策不确定性加剧是企业退出数量和企业出口退出率上升的主要原因，同时发现目的国经济政策不确定性对进入企业的存活率产生了负面影响。

企业在出口时通常需要承担税费、贸易成本等相关成本，这些成本是企业生存、发展及参与国际竞争的关键，所以部分学者从贸易自由化、税费负担等方面对企业出口行为的影响进行了研究，例如毛其淋和盛斌（2014）利用1998—2007年中国工业企业数据库，实证分析了贸易自由化与制造业企业出口行为的关系，发现贸易自由化通过竞争效应与成本效应两个渠道提高了企业出口参与度，并且发现"入世"不仅提高了企业的出口参与，而且提高了已出口企业的出口数量。黄玖立和冯志艳（2017）使用世界银行对中国120座城市12400家制造业企业的营商环境抽样调查数据，考察了用地成本对企业出口行为的影响及其作用机制，发现用地成本的确削弱了中国制造业在国际市场上的出口竞争力，较高的土地支出不仅降低了企业出口的可能性，还抑制了企业的出口规模。毛德凤和刘华（2020）使用2006—2012年中国民营企业调查数据，实证分析了企业税费负担对出口决策和出口深度的影响，检验结果表明企业税费负担显著制约了企业出口参与，缩小了企业出口规模，尤其是初创型企业出口行为更容易遭受税费负担的冲击。

二 需求侧因素对企业出口行为的影响研究

当前，从需求侧视角研究企业出口行为的文献相对较少，主要原因可能是进行理论建模的难度较大。但实际上，从企业出口业务的实践来看，企业出口不仅受自身相关因素的影响，而且与需求侧方面的因素息息相关，随着学术界对需求侧的逐步重视，以及相关数据的可得性，从需求侧视角研究企业出口行为的文献逐渐增多。

企业在进行出口决策前，通常要对出口目的国进行市场调研，比如精确掌握目的国的需求规模，较高的外部需求规模能使企业在出口时实现规模效应，从而降低出口的难度，也有利于企业在国外市场进行价格竞争。例如，钟腾龙和余淼杰（2020）基于2000—2013年中国工业企业数据库与中国海关数据的匹配数据，实证检验了外部需求对采取质量竞争和成本竞争策略的多产品企业出口行为的差异化影响，研究表明正向（负向）外部需求变动导致采用质量竞争策略的多产品企业更大程度地提高（降低）其核心出口产品价格、扩大（减小）出口产品范围和扩大（缩小）出口产品分布离散度，外部需求变动对采用成本竞争策略的多产品企业的出口行为的影响恰好相反。

国外需求规模是企业进行出口决策的重要影响因素之一，但外部市场需求规模并不是固定不变的，企业通常需要面临不确定的外部需求，外部需求不确定性和需求冲击同样会对企业的出口行为造成影响。例如，Carballo等（2018）利用目的国—行业的加总数据进行了实证检验，研究结果表明美国出口企业的进入和退出频率均会受到外部市场负向需求冲击的显著影响。李捷瑜和巩加美（2019）利用中国海关数据及各国需求数据，从外部需求不确定性的角度对企业的进入、退出及生产定价决策进行了实证分析，验证了外部市场需求波动、需求近似偏度对企业出口行为的影响。袁莉琳等（2020）在Mayer等（2016）和Melitz（2018）的理论分析框架基础上，利用中国工业企业微观数据分析了中国出口市场需求条件变化对出口企业行为的影响。其研究结果表明：从目的国视角来看，正向需求冲击具有明显的"倾斜效应"，随着出口市场总需求的增加，企业会偏向出口具有核心优势的产品，提升产品组合的集中度；但从企业视角来看，正向需求冲击不具备明显的"倾斜效应"。

三 其他因素对企业出口行为的影响研究

影响企业出口行为的因素非常多，除供给侧和需求侧的影响因素外，政治环境、制度环境和经济环境都会对企业的出口行为产生重要影响。沈鸿和顾乃华（2017）利用2000—2009年的中国制造业企业数据，从出口参与和出口规模、出口进入与退出、出口质量和结构三个层次考察了地方财政分权对企业出口行为的影响，发现地方财政分权程度的提高显著提高了当地企业的出口参与和出口规模，促进了新企业进入出口市场，降低了退出出口市场的概率；地方财政分权对发挥集聚经济的"出口溢出"效应有积极作用，且在专业化集聚和多样化集聚中同样存在。在一定程度上，两国政治关系的改善会降低合法交易成本以及交易不确定性，从而可能促进两国间经贸发展，进而影响企业的出口行为。孙俊成和程凯（2020）实证分析了双边政治关系对企业出口行为的影响，研究结果表明双边政治关系改善将对出口的集约边际和扩展边际产生促进作用，而且双边政治关系改善降低了产品退出出口市场的风险，延长了产品出口持续时间。大多数学者认为提高制度质量会降低贸易的交易成本和信息的不确定性风险，从而扩大两国间的贸易规模，林玲和刘尧（2018）研究发现贸易伙伴国制度质量会影响本国出口贸易额，且行业契约密集度越高，制度质量的提高对该行业出口贸易额的正向影响越大。

除上述影响因素外，还有学者从基础设施、国外的竞争程度以及"海归"高管等视角研究了对出口的影响。盛丹等（2011）运用1998—2001年中国工业企业数据分析了基础设施与企业出口行为的关系，发现各项基础设施（除网络基础设施外）的建设能有效地促进中国企业的出口决策和出口数量，而且基础设施对出口决策的影响明显高于出口数量，表明中国基础设施对出口贸易的"扩展边际"增长具有很大的促进作用，基础设施的建设能够促进内资企业的出口决策和出口数量的增加，对外资企业却起到相反的作用。Mayer等（2014）使用法国的贸易数据，研究了出口目的国竞争对本国企业内出口产品分布的影响，其研究结果表明目的国市场竞争强度大，将促使企业投入更多的资源到优势较强的核心产品上并选择出口其核心产品。许家云（2018）使用中国工业企业数据库、中国进出口海关数据等，系统评估了"海归"对企业出口行为的影响，得出"海归"在上市公司任职对企业出口行为产生了积极影响，即海归在总体上有效地提高了企业出口额和出口产品质量，并且这种促进作用具有持续性和递增性，而且良好的地区制度环境有利于强化"海归"对企业出口的积极影响。

第五节 现有研究评述

本章首先对研究非位似偏好、异质性消费者以及两者与收入差距之间关系的文献进行了梳理，其次着重梳理了收入差距对国际贸易、产业结构转型以及微观企业行为等方面影响的相关文献。综上，学术界从需求侧视角进行经济相关的研究正在逐渐增加，而且已经逐步从只注重人均收入扩展到同时考虑人均收入和收入差距，这为本书的研究奠定了一定的基础。同时，本书梳理了关于比较优势和出口行为的相关研究，发现从需求侧对比较优势和企业出口行为进行的研究相对较少，尤其是从收入差距视角进行的研究。整体来看，上述研究为本书的写作提供了一定的思路和启示，但相关研究的不足也为本书带来了一定的研究空间。具体来看，不足之处如下。

第一，现有从需求侧进行的研究主要侧重人均收入，针对收入差距的研究相对较少。当前多数文献虽在模型中设定了消费者具有非位似偏好，但是依然采用了代表性消费者假定，例如 Markusen（1986）、Caron 等（2014，2020）、Matsuyama（2015）等，他们只是利用 CRIE 和非位似 CES 等偏好将需求结构与人均收入进行了衔接，研究了人均收入对贸易、结构转型以及市场的促进竞争效应和定价模式等方面的作用。以致在探讨需求结构或者重叠需求时，学术界仅将其与人均收入相联系，而忽略了人均收入以外的影响因素，导致现有关于收入差距对需求结构等问题的研究相对较少。同时，当前学术界已经逐步将视角从代表性消费者转向了异质性消费者，但因为非位似偏好限制了异质性消费者加总，所以较多的文献依然在需求侧采用 CES 偏好，从而无法将需求因素纳入分析框架中，使人均收入与收入差距无法与供给侧联系起来。总而言之，现有的研究主要从供给侧进行，即便是从需求侧进行的研究也只强调人均收入的重要作用，这实际上为本书选择收入差距这个研究主题提供了启发。

第二，同时考虑非位似偏好和异质性消费者假定之后，构建理论模型相对困难，因而大多数文献以实证检验为主。虽然异质性需求加总难题一直困扰着学术界，但是随着理论模型研究的逐渐推进，一些学者发现了特殊的非位似偏好能和异质性消费者完美结合，从而初步提出了人均收入和人均差距均是影响需求结构的重要因素，而且出现了一部分文献利用实证方法检验收入差距的影响。随着 Melitz（2003）模型的应用与拓展，异质性企业贸易理论逐步崛起，但是同时在需求侧和生产侧考虑异质性，这无疑增加了理论建模的难度。为了克服此难题，Rydzek（2013）及 Egger 和 Habermeyer（2019）等学者开始采用特殊的非位似偏好，在一定程度上降低了建模难度，对现实问题也有一定的解释力，为本书的理论建模提供了宝贵的经验和参考。

第三，从需求侧对比较优势和企业出口行为进行的研究相对不足。虽然比较优势是学术界的重要研究主题之一，但现有文献主要集中于从供给侧解释比较优势的来源，如从要素禀赋、技能差异和制度差异等方面，而鲜有文献从需求侧对比较优势来源进行研究。在研究影响企业出口行为的文献中，多数文献只研究供给侧角度对企业出口行为的影响，集中在政策不确定性、金融发展、产权保护等方面。近年来，学术界逐渐重视需求侧的重要作用，涌现出一些从需求侧研究其对出口动态的影响的文献，但大多是基于需求不确定性的框架分析其对企业出口行为的影响，忽略了影响需求结构的人均收入、收入差距等因素。总而言之，需求侧对现实经济的影响是毋庸置疑的，随着以国内大循环为主体、国内国际双循环相互促进的新发展格局构建，需求侧将越来越受重视。

总体来看，针对上述研究的不足，本书利用 PIGL 效用函数，在异质性企业贸易理论框架下纳入异质性消费者，将收入差距纳入需求结构框架中，考察了收入差距对比较优势与企业出口行为的影响，为现有的贸易理论研究提供了一个较为新颖且重要的视角。此外，本书利用多种计量方法和多个大型数据库，对理论部分进行了实证检验，通过系统性的研究，本书得出了科学的研究结论，并在此基础上提出了切实可行的对策建议，以期为国家政策的制定和企业出口决策提供有益参考。

第二章　收入差距、比较优势演进与企业出口行为：理论分析

自20世纪90年代以来，大量的经验研究发现企业在规模、生产率等方面存在异质性，激发了学术界对于异质性企业模型的探讨，尤其是Melitz（2003）构建的包含异质性企业的垄断竞争模型引起了学术界的广泛关注。然而，现有的绝大多数文献均未考虑异质性消费者，从而限制了从需求侧对经济均衡和相关问题进行的研究的发展。

本章的内容为后续研究奠定了理论基础，主要完成以下几项工作：第一，现有文献已经研究发现人均收入和收入差距均是影响需求结构和需求规模的重要因素，但这些文献只考察了人均收入的作用，所以本章借鉴Egger和Habermeyer（2019）的理论模型进行了相关拓展，在非位似偏好和异质性消费者的理论框架下，具体考察收入差距对比较优势的影响；第二，既然收入差距通过需求渠道影响了中观层面的比较优势，那么作为经济微观主体的企业也将受到影响，据此，本章继续考察了收入差距对全要素生产率以及企业出口行为的影响；第三，在收入差距影响需求结构的理论前提下，进一步将收入差距引入重叠需求理论中，考察收入差距相似性对企业出口行为的影响。

本章可能的贡献在于：第一，既有的较多文献主要从供给侧考察其对经济均衡的影响，相对忽略了需求侧的重要性，本章的所有内容均是从需求侧进行的理论研究；第二，尽管已有部分文献从需求侧研究了其对比较优势、生产率与企业出口行为的影响，但这些文献主要考察了人均收入的重要作用，从收入差距角度出发并构建理论模型进行讨论的文献屈指可数，本章的理论研究对现有经验文献进行了有益补充；第三，

即使已经有文献分析了收入差距对经济贸易的重要影响，但集中于收入差距对宏观或者中观层面的影响，本章将研究重点集中于收入差距对企业在微观层面上的影响，使研究内涵更丰富。

第一节　收入差距对比较优势演进的影响：基准模型

恩格尔定律指出，低收入的消费者会把绝大部分收入花费在维持生计的食物产品上，恩格尔定律不仅是关于消费者的食物支出规律，而且是一种很普遍的消费规律。换句话说，消费者的消费行为存在层级性，即消费者会将收入首先用于购买劳动密集的生活必需品，其次购买资本密集的奢侈品，不同产品的边际消费倾向会随消费者收入不同而不同，对于给定的人均收入水平，一国的收入差距较低意味着各消费主体的需求结构相对一致，导致国内市场需求集中在劳动密集型行业，进而可以联想到需求层面的收入差距可能导致产业的比较优势发生变化。此外，企业通常从熟悉和受保护的国内市场开始销售，并在产品生产过程中逐步提高自身的市场竞争力，所以如果一国对于某一产品的市场需求减少将不利于提升其比较优势。

自 Melitz（2003）建立异质性企业模型以来，有关异质性企业的研究关注产业内高生产率企业的相对增长，但只考虑了单一要素和单一部门，忽略了要素禀赋的作用。Bernard 等（2007）在 Helpman 和 Krugman（1985）的基础上嵌入 Melitz（2003）异质性企业模型，成功将要素禀赋与异质性企业模型相结合，该模型着重分析了在贸易自由化进程下企业、产业和国家特征的相互作用。既然存在要素禀赋差异，那势必导致消费者凭借自身生产要素在要素市场中赚取的收入不再完全相同，进而可以体现出消费者的收入存在异质性。同时，Rydzek（2013）及 Egger 和 Habermeyer（2019）构建的理论模型恰好在需求侧考虑了异质性消费者和非位似偏好，研究了除人均收入以外的收入差距对需求结构等方面的影响。本书通过在 Bernard 等（2007）模型的需求侧嵌入异质性消费者和非位似偏好，将收入差距嵌入需求结构的函数中，进一步分析收入差距对产业结构变迁与比较优势的影响。

本书的模型构建参考了 Melitz（2003）、Bernard 等（2007）、

Rydzek（2013）、Egger 和 Habermeyer（2019）的研究，构建了一个符合标准 Heckscher-Ohlin 的 2×2×2 理论模型，假设有两个国家（本国 H 与外国 F）、两种生产要素（技能劳动要素 Q 与非技能劳动要素 U）与两个产品（技能密集型行业产品 S 与非技能密集型行业产品 G），并且国家内各消费者偏好和企业技术相同，要素禀赋不同，假设两国总收入以及平均收入保持一致，仅在收入差距方面和人口规模方面存在差异。

一 消费偏好及需求

本节假设本国经济是由 L 个异质性消费者组成，消费者同样是唯一的生产要素供给者，假设各消费者在技能禀赋方面存在差异性，其技能禀赋 a 为 $[\underline{a}, \bar{a}]$，服从连续可微的累积分布函数 $H(a)$：$H = \int_{\underline{a}}^{\bar{a}} \mathrm{d}H(a)$，在竞争激烈的劳动力市场中每个消费者都无弹性地供给 a 单位的劳动要素，假设消费者技能禀赋高于平均劳动技能禀赋 $\tilde{a}$，则视其为技能劳动要素，可以获得技能劳动工资 w_S，反之则只能获得非技能劳动工资 w_U，消费者分别获得的收入 e^i 为 aw_S 和 aw_U，消费者收入的异质性导致消费支出存在异质性。本节采用不具有 Gorman 形式的 PIGL 效用函数，消费者消费支出主要用于购买两大类产品：非技能密集型行业产品 G 和技能密集型行业产品 S，具体的间接效用函数形式如下所示。

$$v(P_G, P_S, e^i) = \frac{1}{\varepsilon}\left(\frac{e^i}{P_G}\right)^{\varepsilon} - \frac{\beta}{\varepsilon}\left(\frac{P_G}{P_S}\right)^{\varepsilon} \tag{2-1}$$

式中：P_G 和 P_S 分别为非技能密集型行业和技能密集型行业的价格指数；$\varepsilon \in [0, 1)$，为消费支出参数；$\beta > 0$。利用罗伊恒等式求解上式，我们可以推导出消费者 i 分别对行业 G 和行业 S 的马歇尔需求函数，如下所示。

$$X_G^i = \beta\left(\frac{e^j}{P_G}\right)^{1-\varepsilon} \tag{2-2}$$

$$X_S^i = \frac{e^i}{P_S}\left[1 - \beta\left(\frac{e^i}{P_G}\right)^{-\varepsilon}\right] \tag{2-3}$$

在 $\varepsilon = 0$ 的情形下，效用函数将简化为柯布—道格拉斯形式，其 Engel 曲线将是线性的。如果在 $\varepsilon>0$ 的情形下，效用函数将不再具有 Gorman 形式。然后，非技能密集型行业产品 G 的 Engel 曲线呈凹形，使其消费份额随支出增加而有所下降；相反，技能密集型行业产品 S 的 Engel 曲线呈凸形，使其消费份额随支出增加而明显增加。上述消费结构非常完美地体现了非位似偏好的特性，但为保证两类产品均能被消费者所消费，需要设定 $e^i/P_G>\beta^{1/\varepsilon}$，进而假定两类产品均是由大量异质性企业生产的差异化产品加总组合构成，其具体形式为 CES 结构。

$$X_j^i = \left[\int_{\omega \in \Omega} x_j^i(\omega)^{(\sigma-1)/\sigma} d\omega\right]^{\sigma/(\sigma-1)} \tag{2-4}$$

式（2-4）中的 $\sigma>1$ 表示行业内差异化产品间的不变替代弹性，进一步可以得出两个行业的价格指数，如下所示。

$$P_j \equiv \left[\int_{\omega \in \Omega} p_j(\omega)^{1-\sigma} d\omega\right]^{1/(1-\sigma)} \tag{2-5}$$

再次使用罗伊恒等式，可以分别推导出异质性消费者对两个行业差异化产品 ω 的需求函数为

$$x_S^i(\omega) = \frac{e^i}{P_S}\left(\frac{P_S(\omega)}{P_S}\right)^{1-\sigma}\left[1-\beta\left(\frac{e^i}{P_G}\right)^{-\varepsilon}\right] \tag{2-6}$$

$$x_G^i(\omega) = \beta\left(\frac{e^i}{P_G}\right)^{1-\varepsilon}\left(\frac{p_G(\omega)}{P_G}\right)^{-\sigma} \tag{2-7}$$

通过加总异质性消费者需求，可以分别得到本国对技能密集型行业产品和非技能密集型行业产品的市场总需求，如下所示。

$$x_S(\omega) = \int_0^H x_S^i(\omega) di = \frac{R^H}{P_S}^{-\sigma}\left[1-\beta\left(\frac{\tilde{e}}{P_G}\right)^{-\varepsilon}\psi\right] \tag{2-8}$$

$$x_G(\omega) = \int_0^H x_G^i(\omega) di = \beta\frac{R^H}{P_G}\left(\frac{p_G(\omega)}{P_G}\right)^{-\sigma}\left(\frac{\tilde{e}}{P_G}\right)^{-\varepsilon}\psi \tag{2-9}$$

式（2-8）和式（2-9）中的 R^H 为国家总收入，其数值等于 $L\tilde{e}$，平均收入可以表示为 $\tilde{e} \equiv \frac{1}{L}\int_0^L e^i di$，国内收入差距可以表示为 $\psi \equiv \frac{1}{L}\int_0^L \left(\frac{e^i}{\tilde{e}}\right)^{1-\varepsilon} di$，$\psi$ 代表国家内部的消费者收入差距，其数值下降，意味着国家内部的收入差距在扩大。

根据市场总需求函数，可以分别得到国内消费者对非技能密集型行

业和技能密集型行业的支出份额为

$$T_G = \frac{P_G X_G}{R^H} = \beta \left(\frac{\tilde{e}}{P_G}\right)^{-\varepsilon} \psi \tag{2-10}$$

$$T_S = \frac{P_S X_S}{R^H} = 1 - \beta \left(\frac{\tilde{e}}{P_G}\right)^{-\varepsilon} \psi \tag{2-11}$$

本国对于两大类产品的支出份额与人均收入以及收入差距相关，收入差距的恶化会导致非技能密集型行业产品份额的减少，技能密集型行业产品份额的增加。

二 生产侧

在此部分，假设行业 j（G 和 S）的企业均在生产过程中需要投入固定成本和可变成本，同时固定成本和可变成本都需要使用两种生产要素（Q 和 U），为了避免不适当的复杂性，假设成本函数采用 Cobb-Douglas 形式，其使用强度因行业而异，$1>\beta_S>\beta_G>0$，行业内的所有企业面临相同的固定成本，但可变成本会随企业生产率 $\varphi \in (0, \infty)$ 的不同而不同。部门的要素密集型差异和国家间的要素丰裕度差异影响了企业行为，也显示出了两者在行业间和行业内的资源再分配的重要性。具体形式如下所示。

$$\Gamma_j = \left[f_j + \frac{x_j(\omega)}{\varphi}\right](w_Q)^{\beta_j}(w_U)^{1-\beta_j} \tag{2-12}$$

由于存在固定成本和价格竞争，每家企业只能供应一种产品。企业面对需求，制定成本加成价格为

$$p_j(\omega, \varphi) = \frac{\sigma(w_Q)^{\beta_j}(w_U)^{1-\beta_j}}{(\sigma-1)\varphi} \tag{2-13}$$

利用需求函数即价格函数，可以求解出企业的收入函数和利润函数分别为

$$r_j(\omega, \varphi) = R^H T_j^H \left(\frac{(\sigma-1)P_j \varphi}{\sigma(w_Q)^{\beta_j}(w_U)^{1-\beta_j}}\right)^{\sigma-1} \tag{2-14}$$

$$\pi_j(\omega, \varphi) = \frac{r_j(\omega, \varphi)}{\sigma} - f_j(w_Q)^{\beta_j}(w_U)^{1-\beta_j} \tag{2-15}$$

企业要进入一个行业从事生产活动，就必须支付进入沉没成本 f_{ej}，

企业由此从生产率分布 $G(\varphi)$ 中抽取出自身的生产率 φ，知道自己的生产率后，企业可能发现无利可图，退出该行业，也可能发现有利可图，继续生产，但不管是退出还是继续生产，企业的沉没成本已经无法收回。假设企业支付的进入沉没成本同样使用技能劳动要素 Q 和非技能劳动要素 U，且进入固定成本和生产固定成本的要素密集度一致，其形式如下所示。

$$f_{ej}(w_Q)^{\beta_j}(w_U)^{1-\beta_j}, \ f_{ej} > 0 \tag{2-16}$$

如果企业 $\pi_j(\omega, \varphi^*) \geqslant 0$，则把此时的生产率定义为零利润生产率临界值，记为 φ_{jd}^H，则有

$$r_j(\omega, \varphi_{jd}^H) = \sigma f_j(w_Q)^{\beta_j}(w_U)^{1-\beta_j} \tag{2-17}$$

如果企业抽取的生产率较低，可能决定立刻退出，但如果企业抽取的生产率相对较大，则会进行生产，但是企业在此后的每一期生产活动中都会面临不利的冲击，如新的法规、消费者口味变化等，会迫使企业每期都以 δ 的概率退出行业。由于每家企业的生产率水平并不随时间变化，每一期最优利润水平也保持不变，假定没有时间贴现，每家企业的价值函数为

$$\begin{aligned} v_j(\varphi) &= \max\left\{0, \sum_{t=0}^{\infty}(1-\delta)^t \pi_j(\varphi)\right\} \\ &= \max\left\{0, \frac{\pi_j(\varphi)}{\delta}\right\} \end{aligned} \tag{2-18}$$

$\mu_j(\varphi)$ 是行业内所有企业（不包括退出的企业）的生产率的密度函数：

$$\mu_j(\varphi) = \begin{cases} \dfrac{g(\varphi)}{1-G(\varphi_{jd})} & \varphi \geqslant \varphi_{jd} \\ 0 & \varphi < \varphi_{jd} \end{cases} \tag{2-19}$$

一个企业会不会投入沉没成本并进入行业进行生产活动，这主要取决于预期利润能否抵消沉没成本，所以当式（2-20）成立时企业不再进入，因此自由进入条件表示为

$$V_j^H = \frac{f_j}{\delta}\left\{\int_{\varphi_{jd}^H}^{\infty}\left(\frac{\varphi}{\varphi_{jd}^H}\right)^{\sigma-1}\mathrm{d}G(\varphi) - [1-G(\varphi_{jd})]\right\} = f_{ej} \tag{2-20}$$

对式（2-20）进行求解，可得

$$\int_{\varphi_{jd}^H}^{\infty}\left(\frac{\varphi}{\varphi_{jd}^H}\right)^{\sigma-1}\frac{\mathrm{d}G(\varphi)}{1-G(\varphi_{jd})}=1+\frac{f_{ej}\delta}{f_j[1-G(\varphi_{jd})]} \quad (2-21)$$

在均衡条件下，所有消费者在产业中的总支出与全部企业的销售收入应该完全相等，从而推导出产品市场出清条件：

$$R^H T_j^H = M_j r(\varphi_{jd}) \int_{\varphi_{jd}}^{\infty}\left(\frac{\varphi}{\varphi_{jd}}\right)^{\sigma-1}\frac{\mathrm{d}G(\varphi)}{1-G(\varphi_{jd})} \quad (2-22)$$

通过将式（2-20）代入式（2-22）中，可以得到 j 行业中的企业数量为

$$M_j = \frac{R^H T_j^H}{\sigma f_j[(w_Q)^{\beta_j}(w_U)^{1-\beta_j}]}\left[1+\frac{\delta f_{ej}}{f_j[1-G(\varphi_{jd})]}\right]^{-1} \quad (2-23)$$

然后，将式（2-13）代入式（2-5）中，可以计算出 j 行业的价格指数为

$$\begin{aligned}P_j &= M_j^{1/(1-\sigma)}\left[\int_{\omega\in\Omega}p_j(\omega)^{1-\sigma}\mathrm{d}\omega\right]^{1/(1-\sigma)}\\&=\frac{\sigma}{\sigma-1}\frac{[(w_Q)^{\beta_j}(w_U)^{1-\beta_j}]^{\sigma/(\sigma-1)}}{\varphi_{jd}}\left\{\frac{R^H T_j^H}{\sigma f_j}\right\}^{1/(1-\sigma)}\end{aligned} \quad (2-24)$$

在均衡条件下，劳动力市场出清要求，以及在生产和进入时对劳动力的需求，应当与由一国禀赋决定的劳动力供给等同：

$$\begin{aligned}&Q_G+Q_S=Q,\quad Q_j=Q_j^p+Q_j^e\\&U_G+U_S=U,\quad U_j=U_j^p+U_j^e\end{aligned} \quad (2-25)$$

式中：Q 为技能劳动要素；U 为非技能劳动要素；上标 p 为用于生产的要素；上标 e 为用于进入产业的要素。

通常情况下，产业价格指数的高低可以反映出一个国家在该产业中的比较优势程度，较低的产业价格指数使该国在国际市场中具有竞争优势，本节通过分析发现公式中的三项因素均会影响价格指数，第一个因素是技能劳动要素和非技能劳动要素的价格，即式（2-16）中的 $(w_Q)^{\beta_j}(w_U)^{1-\beta_j}$；第二个因素是企业生产的临界生产率，即 φ_{jd}；第三个因素是需求份额和国家总经济规模，此前已经定义需求份额是人均收入和收入差距的函数，所以可以指出人均收入和收入差距会影响价格指数，进而影响产业的比较优势。

既然产业价格指数的高低能反映出其比较优势的高低，将本国两个

产业的价值指数进行除法运算，得到

$$\frac{P_G^H}{P_S^H}=\left(\frac{M_G^H}{M_G^H}\right)^{1/(1-\sigma)}\frac{p_G^H(\widetilde{\varphi})}{p_S^H(\widetilde{\varphi})} \tag{2-26}$$

将式（2-13）以及式（2-23）代入其中，可得

$$\frac{P_G^H}{P_S^H}=\frac{\varphi_{Sd}^H}{\varphi_{Gd}^H}\left\{\frac{f_S}{f_G}\right\}^{1/(1-\sigma)}\left(\frac{T_G^H}{T_S^H}\right)^{1/(1-\sigma)}\left(\frac{w_Q^H}{w_U^H}\right)^{\sigma(\beta_G-\beta_S)/(\sigma-1)} \tag{2-27}$$

其中，$\beta_G<\beta_S$ 且 $\sigma>1$，由于假设的是两国技术对称，意味着两国的临界生产率 φ_{jd} 和 f_j 相同。在封闭条件下，本国的非技能劳动要素相对丰裕，这意味着本国的技能劳动要素的相对工资较高，即 $w_Q/w_U>1$。基于此，可以通过对本国 H 两个产业的价值指数比值与外国 F 两个产业的价值指数比值进行对比，发现本国在非技能密集型行业产品方面相较外国有较大的比较优势，关系如下：

$$\frac{P_G^H}{P_S^H}<\frac{P_G^F}{P_S^F} \tag{2-28}$$

另外，国内收入差距的大小也会影响消费者对两类产品的相对需求，进而影响两国产业的价格指数比值。当本国的收入差距不断扩大，导致消费者对 G 行业产品与 S 行业产品的相对总需求 $T_G^H/T_S^H<1$ 更小，这将降低本国技能密集型行业产品的价格指数，同时导致本国非技能密集型行业产品的价格指数上升，这实际上减弱了本国在非技能密集型行业产品的比较优势。但是，如果本国要培育国际竞争新优势，即逐渐在技能密集型行业产品方面获得比较优势，就要在公平和效率的抉择中适度放松对本国的收入差距的要求，否则本国只能持续发展非技能密集型行业产品。基于上述分析，我们提出以下理论假说。

理论假说1：在封闭条件下，各国在要素相对丰裕的产业方面存在比较优势，通过分析发现收入差距会影响各国产业的价格指数，进而影响各国的比较优势，一国收入差距扩大会增强各国在技能密集型行业产品的比较优势，也会逐渐降低在非技能密集型行业产品的比较优势。

三 开放条件下的均衡分析

此部分遵循 Melitz（2003）的相关设定，企业在进行出口贸易时需要支付固定贸易成本和可变贸易成本，其余设定与在封闭条件下的设定

保持一致。因此，企业要将一种产品出口到某一特定国外市场，必须承担固定的出口成本，同样要使用与生产成本密集度相同的技能劳动要素和非技能劳动要素。此外，企业需要支付可变的标准冰山贸易成本 $\tau_j>1$。企业在出口决策时面临固定和可变的贸易成本，意味着一些企业只供应国内市场，企业出口与否主要取决于其生产率。

行业 j 中的异质性企业根据其国内市场利润最大化制定了国内价格 $p_{jd}^H(\varphi)$，根据其外国市场利润最大化制定了出口价格 $p_{jx}^H(\varphi)$，二者关系为

$$p_{jx}^H(\varphi)=\tau_j p_{jd}^H(\varphi)=\frac{\tau_j \sigma(w_Q^H)^{\beta_j}(w_U^H)^{1-\beta_j}}{(\sigma-1)\varphi} \tag{2-29}$$

同样利用价格指数函数，可知出口市场的收益与国内市场的收益成一定比例，这不仅与可变贸易成本相关，而且与两国的相对价格指数及相对支出相关。

$$r_{jx}^H(\varphi)=\tau_j^{1-\sigma}\left(\frac{P_j^F}{P_j^H}\right)^{\sigma-1}\left(\frac{L^F T_j^F}{L^H T_j^H}\right)r_{jd}^H(\varphi) \tag{2-30}$$

基于式（2-30），可以发现贸易自由化增加了进入企业的预期收益，从而分别得到国内销售企业和出口销售企业的总收益为

$$r_j^H(\varphi)=\begin{cases} r_{jd}^H(\varphi) & \text{企业不出口} \\ r_{jd}^H(\varphi)\left[1+\tau_i^{1-\sigma}\left(\frac{P_i^F}{P_i^H}\right)^{\sigma-1}\left(\frac{L^F T_j^F}{L^H T_j^H}\right)\right] & \text{企业出口} \end{cases} \tag{2-31}$$

正是因为分别存在国内销售的固定成本和出口销售的固定成本，所以不是所有企业均选取出口。因此，可以分别得到企业的国内销售利润和出口销售利润：

$$\pi_{jd}^H(\varphi)=\frac{r_{jd}^H(\varphi)}{\sigma}-f_j(w_Q^H)^{\beta_j}(w_U^H)^{1-\beta_j}$$

$$\pi_{jx}^H(\varphi)=\frac{r_{jx}^H(\varphi)}{\sigma}-f_{jx}(w_Q^H)^{\beta_j}(w_U^H)^{1-\beta_j} \tag{2-32}$$

一个同时在本国和外国进行销售的企业总利润可以表示为

$$\pi_j^H(\varphi)=\pi_{jd}^H(\varphi)+\max\{0,\ \pi_{jx}^H(\varphi)\} \tag{2-33}$$

由此，可以得到企业的零利润临界生产率以及出口临界生产率分别为

$$r_{jd}^H(\varphi_{jd}^H) = \sigma f_j (w_Q^H)^{\beta_j} (w_U^H)^{1-\beta_j}$$
$$r_{jx}^H(\varphi_{jx}^H) = \sigma f_{jx} (w_Q^H)^{\beta_j} (w_U^H)^{1-\beta_j} \tag{2-34}$$

利用式（2-34）以及式（2-30），得到零利润临界生产率与出口临界生产率的关系：

$$\varphi_{Gx}^H = \Lambda_G^H \varphi_{jd}^H \tag{2-35}$$

其中，定义 Λ_G^H：

$$\Lambda_G^H \equiv \tau_G \left(\frac{P_G^H}{P_G^F}\right)^{1+\varepsilon/(\sigma-1)} \left(\frac{L^H \psi^H}{L^F \psi^F} \frac{f_{Gx}}{f_G}\right)^{1/(\sigma-1)} \tag{2-36}$$

$$\varphi_{Sx}^H = \Lambda_S^H \varphi_{Sd}^H \tag{2-37}$$

其中，定义 Λ_S^H：

$$\Lambda_S^H \equiv \tau_S \left(\frac{P_S^H}{P_S^F}\right) \left(\frac{L^H \left(1-\beta\left(\frac{\tilde{e}}{P_G^H}\right)^{-\varepsilon}\right) \psi^H}{L^F \left(1-\beta\left(\frac{\tilde{e}}{P_G^F}\right)^{-\varepsilon}\right) \psi^F} \frac{f_{Gx}}{f_G}\right)^{1/(\sigma-1)} \tag{2-38}$$

从式（2-38）可知，当出口固定成本相对生产固定成本高，则出口临界生产率相对零利润生产率高。当本国的价格指数比外国高，会促使出口临界生产率相对可变贸易成本上升，提高了相对零利润生产率的出口临界生产率。此外，两国的收入差距与人口规模的比例同样会影响出口临界生产率和零利润临界生产率的关系。

在每个时期进入这一行业的企业中，部分生产率水平较低的企业无法支付固定的生产成本并立即退出该行业，这部分企业占比为 $G(\varphi_{jd}^H)$；另一部分企业能够支付固定的生产成本并为国内市场服务，这部分企业的占比为 $G(\varphi_{jx}^H) - G(\varphi_{jd}^H)$；其余生产力水平足够高的企业能同时为国内和国外市场服务，占比为 $1-G(\varphi_{jx}^H)$。由此，可以得到出口企业占成功进入企业的比例为

$$\chi_j^H = \frac{[1-G(\varphi_{jx}^H)]}{[1-G(\varphi_{jd}^H)]} \tag{2-39}$$

自由进入条件为

$$V_j = \frac{[1-G(\varphi_{jd}^H)]}{\delta} [\tilde{\pi}_{jd}^H + \chi_j^H \tilde{\pi}_{jx}^H] = f_{ej}(w_Q)^{\beta_j}(w_U)^{1-\beta_j} \tag{2-40}$$

通过将式（2-39）代入式（2-40），可得

$$V_j^H = \frac{f_j}{\delta}\left\{\int_{\varphi_{jd}^H}^{\infty}\left(\frac{\varphi}{\varphi_{jd}^H}\right)^{\sigma-1}\mathrm{d}G(\varphi) - [1 - G(\varphi_{jd})]\right\} +$$

$$\frac{f_{jx}}{\delta}\left\{\int_{\varphi_{jx}^H}^{\infty}\left(\frac{\varphi}{\varphi_{jx}^H}\right)^{\sigma-1}\mathrm{d}G(\varphi) - [1 - G(\varphi_{jx})]\right\}$$

$$= f_{ej} \tag{2-41}$$

进一步令 $a(t) = \int_{\varphi_{jd}^H}^{\infty}\left(\frac{\varphi}{\varphi_{jd}^H}\right)^{\sigma-1}\frac{\mathrm{d}G(\varphi)}{1 - G(\varphi_{jd})}$，$b(t) = \frac{f_{jx}}{f_j}\int_{\varphi_{jx}^H}^{\infty}\left(\frac{\varphi}{\varphi_{jx}^H}\right)^{\sigma-1}\frac{\mathrm{d}G(\varphi)}{1 - G(\varphi_{jx})}$。

消费者对行业 j 的支出总额等于 M_j 个企业在国内市场和国外市场中的总收益，可以推导出产品市场出清条件和企业数量为

$$R^H T_j^H = M_j r(\varphi_{jd})[a(t) + \mu b(t)] \tag{2-42}$$

$$M_j = \frac{R^H T_j^H}{\sigma f_j [a(t) + \mu b(t)](w_Q)^{\beta_j}(w_U)^{1-\beta_j}} \tag{2-43}$$

将式（2-43）代入式（2-24）中，得到行业 j 的价格指数为

$$P_j = M_j^{1/(1-\sigma)}\left[\int_{\omega \in \Omega}p_j(\omega)^{1-\sigma}\mathrm{d}\omega\right]^{1/(1-\sigma)}$$

$$= \frac{\sigma}{\sigma - 1}\frac{[(w_Q)^{\beta_j}(w_U)^{1-\beta_j}]^{\sigma/(\sigma-1)}}{\varphi_{jd}}\left\{\frac{R^H T_j^H}{\sigma f_j}\right\}^{1/(1-\sigma)} \tag{2-44}$$

通过与封闭条件下行业 j 的价格指数进行对比，可以发现开放条件下和封闭条件下的价格指数之间的关系为

$$P_j = \frac{\varphi_{jd}^A}{\varphi_{jd}}P_j^A \tag{2-45}$$

式中：P_j^A 为在封闭条件下的价格指数。贸易自由化会导致临界生产率 φ_{jd} 上升，即 $\partial\varphi_{jd}/\partial\tau \geq 0$，进而导致价格指数下降。

基于上述分析，我们提出以下理论假说。

理论假说 2：贸易自由化会导致两个行业的临界利润率和平均生产率上升，但由于 $\Lambda_G^H < \Lambda_G^F$，以致在具有比较优势行业的临界生产率上升程度更大，这意味着贸易自由化会增强比较优势。

理论假说 3：两国收入差距的相对程度对比较优势有影响。保证其他变量相等，假设本国 H 相对外国 F 的收入差距越高，即 ψ^H 相对 ψ^F

越小，则会导致 $\Lambda_G^H \ll \Lambda_G^F$，意味着本国非技能密集型行业的比较优势增强；但是，如果本国 H 相对外国 F 的收入差距越低，即 ψ^H 相对 ψ^F 越大，则会导致本国 H 中比较劣势行业的生产率上升程度更大，意味着本国技能密集型行业的比较优势增强。

本节通过构建理论模型，分析收入差距对比较优势的影响，得到了理论假说 1、理论假说 2 与理论假说 3，本书将在第四章使用相关数据和计量模型对以上三个理论假说进行实证检验。

第二节 收入差距对企业生产率与出口行为的影响：理论分析

本节依然主要借鉴 Rydzek（2013）、Egger 和 Habermeyer（2019）的理论模型，假设世界经济呈现 2×2×1 结构，即存在两个国家（本国 H 与外国 F）、两个行业（必需品行业 G 与奢侈品行业 S）与一种生产要素（劳动 L）。此外，假设两个国家的消费者偏好、人均收入、人口规模和企业技术均相同，只是在消费者的要素禀赋分布上存在差异。

一 消费者偏好及需求

假设本国经济是由 L 个异质性消费者组成，消费者同样是唯一的生产要素供给者，假设各消费者在要素禀赋方面存在差异性，其技能禀赋 a 在 $[\underline{a}, \overline{a}]$，服从连续可微的累积分布函数 $H(a)$：$H = \int_{\underline{a}}^{\overline{a}} \mathrm{d}H(a)$，劳动力可以在各国的行业之间流动，但不能在国家之间流动，将每个消费者在竞争激烈的劳动力市场中获得工资率标准化为 1，消费者将因此分别获得的收入 e^i 为 a。本节采用不具有 Gorman 形式的 PIGL 效用函数，消费者消费支出主要用于购买两大类产品：农业（必需品行业）产品 G 和制造业（奢侈品行业）产品 S，具体的间接效用函数形式如下所示。

$$v(P_G, P_S, e^i) = \frac{1}{\varepsilon}\left(\frac{e^i}{P_G}\right)^{\varepsilon} - \frac{\beta}{\varepsilon}\left(\frac{P_G}{P_S}\right)^{\varepsilon} \tag{2-46}$$

式中：P_G 和 P_S 分别为农业部门和制造业部门的价格指数。在 $\varepsilon = 0$ 的情形下，效用函数将简化为 Cobb-Douglas 形式，其 Engel 曲线将是线性的。在 $\varepsilon>0$ 的情形下，效用函数将不再是 Gorman 形式，农业产品 G 的 Engel 曲线呈凹形，其消费份额会随支出增加而有所下降，制造业产品 S 的 Engel 曲线呈凸形，其消费份额随支出增加而明显增加。上述消费结构非常完美地体现了非位似偏好的特性，但为保证两类产品均能被消费者所消费，需要设定 $e^i/P_G>\beta^{1/\varepsilon}$。

利用罗伊恒等式求解上式，可以分别推导出消费者 i 对农业产品 G 和制造业产品 S 的马歇尔需求函数，如下所示。

$$Q_G^i = \beta \left(\frac{e^i}{P_G}\right)^{1-\varepsilon} \tag{2-47}$$

$$Q_S^i = \frac{e^i}{P_S}\left[1-\beta\left(\frac{e^i}{P_G}\right)^{-\varepsilon}\right] \tag{2-48}$$

进而假定制造业 S 均是由大量异质性企业生产的差异化产品加总组合构成，其具体形式为 CES 结构：

$$Q_S^i = \left[\int_{\omega \in \Omega} q_S^i(\omega)^{\frac{(\sigma-1)}{\sigma}} \mathrm{d}\omega\right]^{\sigma/(\sigma-1)} \tag{2-49}$$

式中：σ 为行业内差异化产品间的不变替代弹性，$\sigma>0$，从而可以得出制造业部门的价格指数：

$$P_S \equiv \left[\int_{\omega \in \Omega} p_S(\omega)^{1-\sigma} \mathrm{d}\omega\right]^{1/(1-\sigma)} \tag{2-50}$$

再次使用罗伊恒等式，可以分别推导出异质性消费者对制造业部门差异化产品 ω 的需求函数为

$$q_S^i(\omega) = \frac{e^i}{P_S}\left(\frac{p(\omega)}{P_S}\right)^{-\sigma}\left[1-\beta\left(\frac{e^i}{P_G}\right)^{-\varepsilon}\right] \tag{2-51}$$

通过加总异质性消费者的需求，可以分别得到国内对农业产品和制造业产品的市场总需求为

$$Q_G(\omega) = \int_0^H Q_G^i(\omega)\mathrm{d}i = \beta \frac{R^H}{P_G}\left(\frac{\tilde{e}}{P_G}\right)^{-\varepsilon}\psi \tag{2-52}$$

$$Q_S(\omega) = \int_0^H q_S^i(\omega)\mathrm{d}i = \frac{R^H}{P_S}\left(\frac{p(\omega)}{P_S}\right)^{-\sigma}\left[1-\beta\left(\frac{\tilde{e}}{P_G}\right)^{-\varepsilon}\psi\right] \tag{2-53}$$

式中：R^H 为国家总收入，其数值等于 $L\tilde{e}$；$\tilde{e}$ 为平均收入，可以表示为 $\tilde{e} \equiv \frac{1}{L}\int_0^L e^i \mathrm{d}i$；$\psi$ 为国内收入差距，可以表示为 $\psi \equiv \frac{1}{L}\int_0^L \left(\frac{e^i}{\tilde{e}}\right)^{1-\varepsilon}\mathrm{d}i$，其

数值下降，意味着国家内部的收入差距扩大。

根据市场总需求函数，可以分别得到国内消费者对农业产品和制造业产品的支出份额为

$$T_G = \frac{P_G X_G}{R} = \beta \left(\frac{\tilde{e}}{P_G}\right)^{-\varepsilon} \psi \tag{2-54}$$

$$T_S = \frac{P_S X_S}{R} = 1 - \beta \left(\frac{\tilde{e}}{P_G}\right)^{-\varepsilon} \psi \tag{2-55}$$

在开放条件下，假设 ψ^* 代表外国 F 的消费者收入差距，那么外国市场对农业部门和制造业部门的支出份额分别为

$$T_G^* = \frac{P_G^* X_G^*}{R} = \beta \left(\frac{\tilde{e}}{P_G^*}\right)^{-\varepsilon} \psi^* \tag{2-56}$$

$$T_S^* = \frac{P_S^* X_S^*}{R} = 1 - \beta \left(\frac{\tilde{e}}{P_G^*}\right)^{-\varepsilon} \psi^* \tag{2-57}$$

国内对于两大类行业的支出份额不仅与国内的平均收入相关，而且与收入差距相关，收入差距的恶化会导致国内对农业部门产品的消费市场份额减少，而对制造业部门产品的消费市场份额增加。

二 生产侧

假设农产品部门是在完全竞争市场下进行生产，其生产技术在劳动投入方面是线性的，即假设一个单位效率的劳动得到一个单位的产出，使农产品价格与单位效率工资挂钩。上文已经定义单位效率工资为1，所以 $P_G = 1$。进一步假设农产品在进行贸易活动时不需要支付贸易成本，所有国家的工资和农产品的价格相同。

与农产品不同，制造业 S 的企业在垄断竞争假设下进行生产活动，且在生产过程中需要投入固定成本 F 和可变成本 c，行业内的所有企业面临相同的固定成本，但可变成本会随企业生产率 $[\varphi \in (0, \infty)]$ 的不同而不同，企业在出口时需要支付出口固定成本 F_X，这使得只有高生产率的企业才可以进行出口贸易，并在出口时需要支付冰山成本 τ，为了使公式更简洁明了，下文便省略了下标 S，具体形式如下所示。

$$C = \left[F + \frac{\tau q(\omega)}{\varphi}\right] \tag{2-58}$$

企业面对国内需求和国外需求制定国内和国外的成本加成价格分别为

$$p_D(\varphi) = \frac{\sigma}{(\sigma-1)\varphi} \tag{2-59}$$

$$p_X(\varphi) = \frac{\tau\sigma}{(\sigma-1)\varphi} \tag{2-60}$$

式中：$\sigma/\sigma-1$ 为不变的成本加成；下标 D 和 X 分别为国内市场与出口市场，则生产率为 φ 的企业的销售收入：

$$r_D(\varphi) = R(1-\beta(\tilde{e})^{-\varepsilon}\psi)\left(P\varphi\frac{(\sigma-1)}{\sigma}\right)^{\sigma-1} \tag{2-61}$$

$$r_X(\omega,\varphi) = \tau^{1-\sigma}R(1-\beta(\tilde{e})^{-\varepsilon}\psi^*)\left(P^*\varphi\frac{(\sigma-1)}{\sigma}\right)^{\sigma-1} \tag{2-62}$$

由于企业的利润是收益与成本之间的差值，可表示为

$$\pi_D(\varphi) = R\sigma^\sigma[1-\beta(\tilde{e})^{-\varepsilon}\psi][P\varphi(\sigma-1)]^{\sigma-1} - F \tag{2-63}$$

$$\pi_X(\varphi) = \tau^{1-\sigma}R\sigma^\sigma[1-\beta(\tilde{e})^{-\varepsilon}\psi^*][P^*\varphi(\sigma-1)]^{\sigma-1} - F_X \tag{2-64}$$

根据价格以及销售收入函数，可得

$$\frac{x(\varphi_1)}{x(\varphi_2)} = \left(\frac{\varphi_1}{\varphi_2}\right)^\sigma; \quad \frac{r(\varphi_1)}{r(\varphi_2)} = \left(\frac{\varphi_1}{\varphi_2}\right)^{\sigma-1} \tag{2-65}$$

三 收入差距与企业生产率

如果企业进入行业后获得的利润等于沉没成本，企业便不会进入，所以企业进入必须满足以下条件。

$$\int_{\varphi_D}^{\infty} \pi(\varphi)dG(\varphi) \geq 0 \tag{2-66}$$

消费者对制造业部门的支出总额等于 M 个企业在国内市场的总收益，可以推导出产品市场出清条件为

$$R[1-\beta(\tilde{e})^{-\varepsilon}\psi] = Mr(\varphi_D)\int_{\varphi_D}^{\infty}\left(\frac{\varphi}{\varphi_D}\right)^{\sigma-1}\frac{dG(\varphi)}{1-G(\varphi_D)} \tag{2-67}$$

通过将零利润条件 $r(\varphi_d)/w = \sigma F$ 代入式（2-67）中，可得制造业中的企业数量为

$$M = \frac{R[1-\beta(\tilde{e})^{-\varepsilon}\psi]}{\sigma f}\left[1+\frac{F_e/F}{1-G(\varphi_D)}\right]^{-1} \tag{2-68}$$

通过将式（2-68）中的企业数量 M 对收入差距 ψ 求导，可得

$$\frac{dM}{d\psi} = -\frac{\beta(\widetilde{e})^{-\varepsilon}R}{\sigma f}\left[1+\frac{F_e/F}{1-G(\varphi_D)}\right]^{-1} < 0 \qquad (2\text{-}69)$$

其中，ψ 的数值越小意味着收入差距越大，本国收入差距扩大会导致对制造业产品（奢侈品）的需求规模增加，进而吸引更多的企业进入制造业部门。

在以往从需求角度分析其对企业生产率影响的研究中，主要存在两种效应：一是促进竞争效应（Arkolakis et al., 2019），即市场竞争显著促进生产率提升；二是规模经济效应，即需求规模扩大会降低企业的边际生产成本，最终导致生产率提升。本节中涉及的收入差距在某种意义上等同于需求规模和需求结构，所以可以认为收入差距对生产率的影响主要存在以下两种效应，分别是收入差距的规模经济效应和市场竞争效应。一是收入差距的规模经济效应。根据熊彼得的创新理论，企业的研发创新活动需要一定的需求规模作为支撑，收入差距扩大使国内对差异化产品的需求扩大，使企业拥有足够大的需求规模，企业可以将研发投入成本和固定成本尽可能地摊薄，从而保证企业获得足够多的经营利润，使企业可以在赚取较大利润的同时，使用部分利润投资购买新的生产设备以提高生产率。佟家栋和刘竹青（2012）通过使用中国工业部门的数据，研究了需求层面对企业生产率的影响，发现国内需求能够显著提高工业部门的全要素生产率和技术效率，而出口需求却与工业部门的全要素生产率和技术效率呈负相关关系。二是收入差距的市场竞争效应。收入差距扩大会导致差异化产业中的企业数量不断增加，生产率较低的企业在激烈的市场竞争中难以获取过多的市场资源，最终退出市场；而高生产率的企业将会在市场中获得较多的市场资源，导致企业生产率提升。Melitz 和 Ottaviano（2008）构建了一个异质性企业的垄断竞争模型，研究了市场规模对企业的生产活动、出口决策以及生产率的影响，发现规模越大或一体化程度越高的市场中企业的生产率越高。阮敏和简泽（2020）研究发现国内市场竞争推动了企业层面全要素生产率的增长，依靠出口竞争力的提高，提升了企业层面的出口倾向。基于上述分析提出以下理论假说。

理论假说 4：国内的收入差距扩大会导致国内的需求结构发生转

变,即对制造业产品(奢侈品)的需求规模增加,规模经济效应和市场竞争效应的影响机制会使工业行业的生产率显著提升。

四 目的国收入差距与企业出口行为

利用出口的零利润条件 $\pi_X(\varphi)=0$,可以得到企业出口到国外市场的出口临界生产率为

$$\varphi_X = \left[\frac{F_X}{R\sigma^{\sigma}(1-\beta(\tilde{e})^{-\varepsilon}\psi^*)}\right]^{\frac{1}{\sigma-1}} \left[\frac{\tau}{P^*(\sigma-1)}\right] \quad (2-70)$$

换句话说,只有生产率超过这个门槛值的企业才能进入目的国并销售产品,从式(2-70)可以看出,企业的出口临界生产率不仅与固定成本和贸易成本相关,而且与影响目的国需求规模的收入差距相关,进而利用式(2-70)对国外收入差距 ψ^* 求导,可得

$$\frac{d\varphi_X}{d\psi^*}<0 \quad (2-71)$$

通过以上理论分析,可以发现出口目的国收入差距的扩大会使对制造业产品的需求规模增加,目的国的需求规模扩大降低了本国出口企业的临界生产率。近年来,越来越多的学者开始关注目的国市场规模对企业出口行为的影响,舒杏等(2016)利用2000—2006年的中国海关数据,分析"一带一路"共建国家的出口频率,研究发现目的国的需求规模对中国企业的出口频率产生了正向影响。张凤等(2019)利用2000—2013年的中国海关数据,研究了毗邻效应对企业出口进入、退出等方面的影响,发现距离较近的目的国会有较大的需求规模,这使企业出口到距离较近国家的概率较大,而且企业面临较小的退出风险。李捷瑜和巩加美(2019)研究发现目的国的市场需求波动增大会显著降低企业进入的概率,而且出口企业会有较高的退出概率。基于以上理论阐述,可知目的国的需求规模会显著影响企业的出口行为,即企业出口到需求规模较大的目的国的进入率和存活率更高。基于上述分析,提出以下理论假说。

理论假说5:目的国的收入差距能反映其需求结构和需求规模,目的国收入差距扩大会导致对制造业产品的需求规模增加,企业出口到收

入差距较大的国家会有更高的进入率、存活率以及更低的退出率，而且企业出口到这些目的国的持续时间更长。

本节通过构建理论模型，分析了收入差距对企业全要素生产率与出口行为的影响，得到了理论假说 4 与理论假说 5，本书第五章将使用相关数据和计量模型对理论假说 4 进行实证检验，第六章将使用相关数据和计量模型对理论假说 5 进行实证检验。

第三节　收入差距相似性与企业出口行为：理论分析

本章的第一节和第二节主要阐述了收入差距影响需求结构的内在逻辑，研究了收入差距在产业层面上对比较优势的影响，以及收入差距在微观层面上对企业出口行为的影响。基于本章前两节和其他学者的相关研究结论，可以发现除人均收入会影响需求结构外，收入差距也是影响需求结构的重要因素之一，所以本章第三节将收入差距嵌入重叠需求理论中进行研究，本节的具体研究安排如下：首先，回顾早期关于重叠需求影响国际贸易的理论机制，其中只有人均收入能够代表需求结构；其次，对重叠需求理论进行创新扩充，进一步将收入差距嵌入重叠需求理论中，然后阐述两国收入差距相似性影响国际贸易的理论机制；最后，将研究对象集中于微观层面，从重叠需求的角度探索收入差距相似性对企业出口行为的理论机制。

克鲁格曼模型从规模经济和不完全竞争的角度阐述了产业内贸易发生的原因，是从供给层面进行的理论探索。Linder（1961）提出了重叠需求理论，又被称为需求偏好相似理论，从需求层面对产业内贸易进行了全新的解释，重叠需求理论主要有以下三个方面的理论内涵：第一，国内需求是支持企业出口的先决条件，一个企业不会生产本国需求规模较小的产品，如果某个行业的国内需求旺盛，会导致企业在生产过程中存在规模经济效应，进而让本国在这个行业中获得竞争优势并能够出口。第二，人均收入是决定需求结构的主要因素，从个体消费者的角度出发，不同收入阶层的消费者偏好不同，收入较高的消费者倾向于消费更多奢侈品，收入较低的消费者倾向于消费更多必需品；从国家的角度出发，一国的代表性需求与人均收入相关，低收入国家的代表性需求以低档产品为主,而高收入国家的代表性需求以高档产品为主。第三,两国之间的重叠需求是开展国际贸易的基础,两国的需求结构与人均收入的关系一致,即两国的人均收入越接近,对应的需求结构越相似,使两国之间的贸易量较大,产业内贸易之所以发生在发达国家之间,在于发达国家之间的人均收入更接近。

Linder(1961)虽然提出了重叠需求理论,但仅是通过文字表述的方式阐述了相关研究结论,此后学者便开始对重叠需求理论进行了数理模型构建,他们在理论模型中引入了非位似偏好,发现人均收入的确是影响需求结构的重要因素。在此基础之上,学术界出现了越来越多的文献通过比较各国的人均收入来检验各国之间需求结构的相似性,并通过进一步实证检验发现人均收入差距越小的国家之间的贸易额越大。总而言之,早期关于重叠需求的理论研究和实证研究主要集中于人均收入的差异,因为在非位似偏好和代表性消费者的理论框架下,只有人均收入会影响需求结构。

随着市场需求理论研究的深入推进,较多学者将视角由代表性消费者逐步转向异质性消费者,这意味着需求结构不仅与平均收入相关,而且与整个国家内部的收入差距息息相关,因为需求结构和需求规模是由每个异质性消费者的需求加总而成,人均收入和收入差距最终均会影响需求结构,对这一重要的结论已在本章前两节进行了详细阐述。在发现收入差距是需求结构的重要影响因素之后,较多学者将其纳入重叠需求理论中,发现收入差距相似性也是衡量需求重叠程度的重要指标,并进一步探索了按收入差距衡量的重叠需求对贸易的影响。

既然相关研究文献已经发现收入差距相似性与两国的贸易规模之间存在一定的联系,那么作为贸易行为主体的微观企业必然会受到收入差距相似性的影响,根据第二节中构建的理论模型,利用 $\pi_D(\varphi^*)=0$ 和 $\pi_X(\varphi_X^*)=0$,可得本国生产销售和出口的临界生产率分别为 φ^* 与 φ_X^*,二者关系如下所示。

$$\frac{\varphi_X^*}{\varphi_D} = \tau \frac{P}{P^*} \left(\frac{1-\beta(\widetilde{e})^{-\varepsilon}\psi}{1-\beta(\widetilde{e})^{-\varepsilon}\psi^*} \right)^{\frac{1}{(\sigma-1)}} \left(\frac{F_X}{F} \right)^{\frac{1}{(\sigma-1)}} \qquad (2-72)$$

式(2-72)右边第三部分是关于两国需求份额的比值,即 T_j/T_j^*,

也是关于本国和外国收入差距的函数，利用式（2-72）对 T_j/T_j^* 求导可得

$$\frac{\mathrm{d}\left(\frac{\varphi_X}{\varphi_D}\right)}{\mathrm{d}\left(\frac{T_S}{T_S^*}\right)} = \tau \frac{P}{P^*} \frac{1}{(\sigma-1)} \left(\frac{T}{T^*}\right)^{\frac{1}{(\sigma-1)}-1} \left(\frac{F_X}{F}\right)^{\frac{1}{(\sigma-1)}} > 0 \quad (2\text{-}73)$$

基于式（2-73），可得以下研究结论：当收入差距影响需求结构时，两国的收入差距越大，意味着两国的需求结构越不相似，也意味着两国的市场重叠程度越小，导致企业出口的临界生产率提高，更不容易出口产品到收入差距相似性程度较低的国家。由于在构建数理模型中存在较大的难度，下文主要使用文字叙述的方式阐述收入差距相似性影响企业出口行为的理论机制，提出一些理论假说并在后文对其进行了实证检验。

一　收入差距相似性与企业出口规模

近十年来，越来越多的研究学者不仅关注贸易流量的变化，还对贸易流量的变化进行了分解，例如 Chaney（2008）利用简化的异质性企业贸易模型，研究发现较低的可变贸易成本会对贸易流量在两个方面产生影响，贸易成本的下降不仅导致已有出口企业的出口规模更大（贸易的集约边际），而且导致出口企业的数量增多（贸易的扩展边际）。

每个国家的企业生产的产品均是按照本国消费者偏好创新、发明和改造而成，只有当国内需求达到饱和后，企业才会试图出口产品到国外市场，当两国的收入差距相似时，两国的产品需求结构相似，即两国对于同一种产品的需求规模均较大或较小，收入差距的相似性衡量了两国的需求结构的相似程度，进而衡量了两国的需求重叠程度。收入差距接近的国家之间的需求规模和企业数量更接近，即收入差距相似性会从扩展边际和集约边际两个方面对双边贸易流量产生影响。Bernasconi（2013）通过实证研究发现两国收入差距的相似程度是双边贸易规模的重要决定因素，而且这种影响由扩展边际和集约边际两个方面共同驱动，平均而言，需求重叠程度每增加一个标准差会导致贸易总额增加35%，其中扩展边际和集约边际分别增加22%和13%，表明两国的收入

差距的相似性分别从扩展边际和集约边际影响了贸易伙伴国间的贸易规模。赵锦春和谢建国（2014）利用中国的数据检验了重叠需求理论在中国的适用性，发现在收入差距越相似的国家之间有更高的贸易额，而且对耐用消费品的影响大于初级品和中间品。基于上述分析，提出以下理论假说。

理论假说6：贸易伙伴国之间的收入差距越接近，意味着需求重叠程度越高，两国之间的出口企业数量和单个企业的出口规模越高。

二 收入差距相似性与企业出口多样化及垄断性

早期的异质性企业贸易理论是从单一产品假设进行分析，在单一产品框架下，市场中的企业数量就是产品种类数量，企业的出口行为只是企业进入或退出以及企业规模的调整。但是，企业不可能只生产一种产品，企业面临外生的国际市场变化时可以调整产品范围或者产品质量（Feenstra & Ma，2007；Sheu，2014），Feenstra和Ma（2007）基于CES偏好的多产品企业垄断竞争模型进行研究，发现企业的产品由市场规模、生成率等因素共同决定。孙林和胡菡月（2018）在控制人均收入的前提下，通过研究发现收入差距相似性对中国进口食品种类产生了正向影响。两国的收入差距越相似，代表两国的需求结构越相似，意味着企业出口到收入差距接近的国家会面对更大的需求规模和更小的试错风险，出口企业会最大限度地扩大产品范围。

一国企业生产的产品特征和属性由本国消费者的偏好所决定，在控制人均收入的前提下，两个国家的收入差距越接近，意味着两个国家需求结构和需求偏好越相似，两国内的企业生产的产品属性和特征也越相似，两国的一系列产品之间存在较强的替代性，例如韩国和日本在家用电器方面有较强的替代性，两国产品之间较强的替代性导致其企业均无法在市场上占据较大的市场份额并垄断市场，这意味着收入差距接近的两国之间的竞争强度更大。基于上述分析，提出以下理论假说。

理论假说7：贸易伙伴国之间的收入差距越接近，意味着需求重叠程度越高，导致两国间出口企业的产品种类越多，同时企业的垄断势力越弱。

三 收入差距相似性与企业出口、进入及存活率

企业在充分挖掘国内市场后，会进一步试图挖掘国外市场，出口归根结底是企业的一种市场扩张行为，而且企业会面临各方面的市场风险，使企业的出口行为存在不稳定性。Melitz（2003）等学者提出的异质性企业贸易理论强调了企业生产率差异对企业出口行为和贸易福利的影响，企业出口产品需要支付较高的进入成本，只有生产率较高的企业才具备出口能力，而且国际贸易会促使市场竞争加剧，最终使生产率低的企业退出国际市场，而生产率高的企业会抓住国际市场扩大的机遇迅速壮大规模，但企业的出口行为并不是一成不变的。Eaton等（2008）利用哥伦比亚的企业微观数据分析了企业出口动态情况，研究发现50%的出口企业为新出口企业，而且这部分新出口企业有可能在下一年便会退出出口市场，所以企业在出口市场中存在出口进入、出口退出行为。面对未知的国外市场需求，厂商必须通过出口少量产品进行试错，了解外国的真实需求规模后再进行后续的出口决策（Freund & Pierola，2010）。Evenett和Venables（2002）研究发现进口国在进口产品时具有一定的偏向性，具体是指偏好于曾向邻近国家出口过相同产品的企业，这间接表明贸易行为需要存在需求关联性，所以如果两国的需求关联性较强，便提高了企业出口的成功率，并可以保证企业能够持续稳定出口。李捷瑜和巩加美（2019）研究发现外部需求波动对企业出口行为产生了显著影响，当外部需求不确定性增大时，企业进入国外市场的概率将降低，企业退出出口市场的概率将提高，这揭示出企业在进行出口决策时要重视目的国的需求特征。两国的收入差距越相似，则两国的需求结构重叠程度越高，这在一定意义上降低了外部需求的不确定性，出口企业能获得更高的进入率和更低的退出率，而且出口企业更愿意将新产品出口到与本国收入差距更相似的国家。基于上述分析，我们提出以下理论假说。

理论假说8：贸易伙伴国之间的收入差距越接近，两国间出口企业的存活率越高退出率越低，而且会有更多的新产品进入出口市场。

本节通过分析收入差距相似性对企业出口行为的影响，得到了理论

假说 6、理论假说 7 与理论假说 8，本书第七章将使用相关数据和计量模型对以上三个理论假说进行实证检验。

第四节 本章小结

本章在需求侧中设定假设条件为非位似偏好和异质性消费者，发现总需求规模和需求结构与收入差距紧密相关。基于这样的理论模型，本章研究了收入差距对比较优势、企业全要素生产率以及企业出口行为的影响，进一步研究了以收入差距衡量的需求重叠程度对企业出口行为的影响，得出了以下理论假说。

一是在封闭条件下，各国要素相对丰裕的产业存在比较优势，收入差距会影响各国产业的价格指数，进而影响各国的比较优势，一国收入差距扩大会增强各国在技能密集型行业产品的比较优势，并逐渐降低在非技能密集型行业产品的比较优势。

二是贸易自由化会导致两个行业的临界利润率和平均生产率上升，但由于具有比较优势行业的临界生产率上升程度更大，意味着贸易自由化会增强比较优势。

三是两国的收入差距的相对程度对比较优势也有影响。保证其他变量相等，如果本国 H 相对外国 F 的收入差距越低，也就是 ψ^H 相对 ψ^F 越大，则本国 H 中比较劣势行业的生产率上升程度越大，即增强了本国技能密集型行业的比较优势。

四是国内的收入差距扩大会导致国内的需求结构发生转变，即对制造业产品（奢侈品）的需求规模增加，进而通过规模经济效应和市场竞争效应的影响机制，最终导致制造业部门的生产率显著提升。

五是目的国收入差距扩大会导致对制造业产品的需求规模增加，企业出口到收入差距越大的国家将面临更高的进入率以及更低的退出率，而且企业出口到这些目的国的持续时间更长。

六是贸易伙伴国之间的收入差距越接近，意味着二者需求重叠程度越高，两国之间的出口企业数量和单个企业的出口规模越大。

七是贸易伙伴国之间的收入差距越接近，意味着需求重叠程度越高，两国之间出口企业的产品种类越多，而且企业的出口垄断势力越弱。

八是贸易伙伴国之间的收入差距越接近,意味着需求重叠程度越高,两国间的出口企业有更高的存活率和更低的退出率,而且会有更多的新产品进入出口市场。

第三章 收入差距、比较优势演进与企业出口行为：特征性事实

本章旨在对收入差距、比较优势和企业出口行为进行特征性事实分析，为后文分析收入差距对比较优势和企业出口行为的影响提供初始数据支撑。

第一节 收入差距的特征性事实分析

一 全球收入差距的特征分析

为了更清晰地认识全球收入差距的变动特征，本节应用全球收入差距的数据，绘制了1820—2020年全球收入差距的变化趋势（见图3-1）。观察发现全球基尼系数从1820年的0.60增加到1910年的0.72，而1910—2020年长期稳定在0.7左右，然后于2000年又增加到0.72，但此后逐渐下降至2020年的0.67，可以说在近20年间全球的收入差距在逐渐缩小。全球收入差距数据可以分解为国内和国际的收入差距，这样可以更清晰地理解全球收入差距在不同时间区间变化趋势不同的原因。

如图3-2所示，1820—1910年国际和国内的收入差距均处于上升趋势，全球收入差距不断扩大；1910—2000年国际和国内的收入差距的变化趋势恰好相反，使全球收入差距趋于平稳状态；但是，从1980年开始，国内收入差距在缓慢扩大，而国际的收入差距却在大幅度降低，全球的收入差距逐步下降。

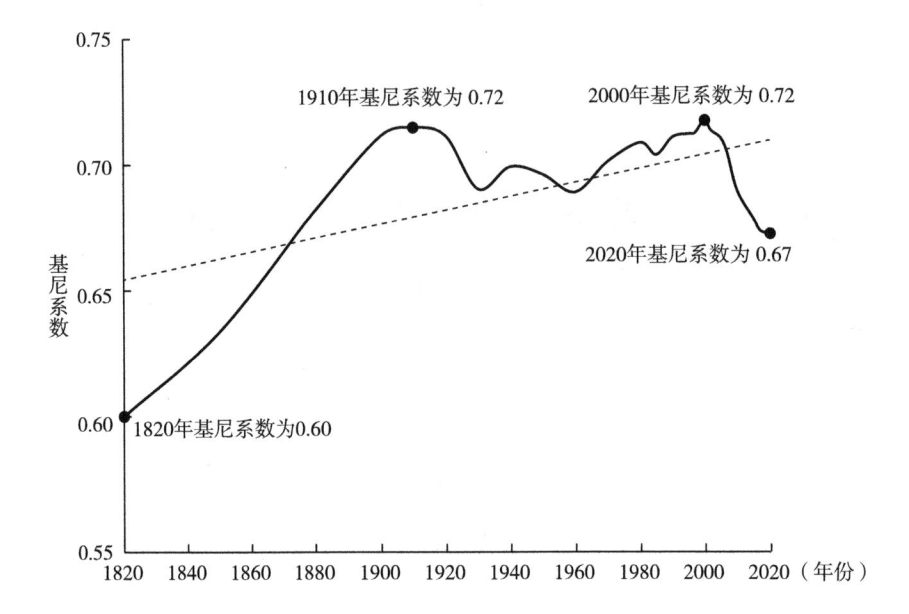

图 3-1　1820—2020 年全球收入差距变化趋势（基尼系数）

资料来源：Chancel 和 Piketty（2021），www.wid.world/longrun。

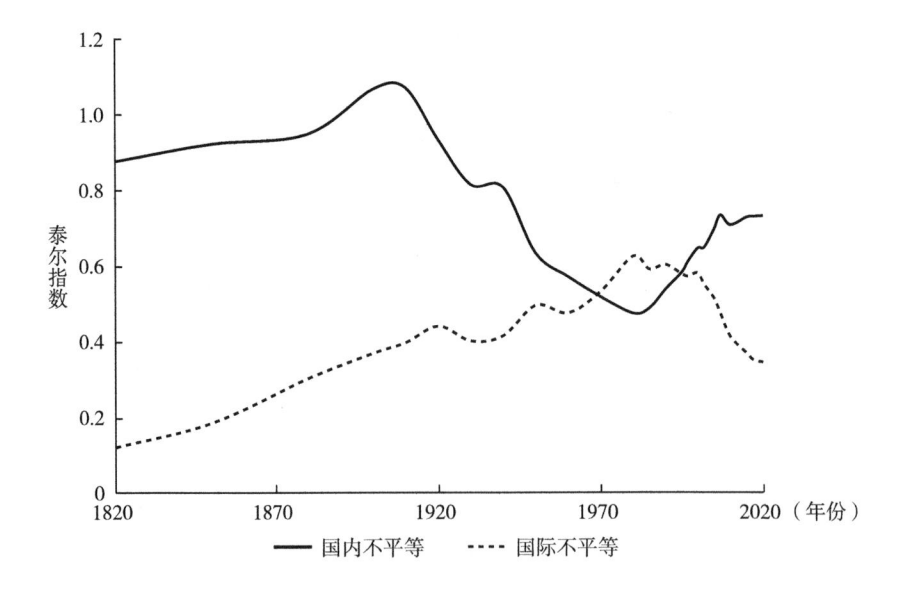

图 3-2　全球国内与国际泰尔指数变化趋势

资料来源：Chancel 和 Piketty（2021），www.wid.world/longrun。

自1980年以来，各个国家内部的收入差距在全球范围内呈快速上升趋势，2019年各国基尼系数的数据显示，在全球范围内，有较少国家的基尼系数处于0.3—0.5，如瑞典、丹麦、法国、英国等，蒙古国、澳大利亚、阿根廷等国家的基尼系数为0.5，俄罗斯、中国、加拿大、美国、伊朗、巴基斯坦等国家的基尼系数处于0.5—0.6，而印度、巴西、墨西哥、沙特阿拉伯、泰国、智利等国家的基尼系数处于0.6—0.8，部分国家的收入差距情况达到了相当危险的局面，其中全球基尼系数排名前三的国家分别为南非、纳米比亚与中非共和国，其数值分别为0.75、0.74与0.73，收入差距较大的国家基本均位于南非板块[1]。

对部分国家的基尼系数进行分析，其中包括发达国家、发展中国家以及欠发达国家，但因为部分国家1980年前的数据缺失，所以选取了1980年后的变化趋势。如图3-3所示，英国、德国与法国的收入差距在1980—2022年虽然有逐步扩大的趋势，但扩大程度相对较小，尤其是法国，只有较小幅度的增长，而且2019年的数值仅为0.44；英国的基尼系数1980—2020年处于上升趋势，而2020年后出现了逐步下降趋势，这体现出英国为改善收入差距作出了较大的努力；德国的基尼系数在1980—2019年处于增长趋势，2019年开始出现下降趋势。美国、中国、印度与南非的收入差距在1980—2009年增长明显，尤其是印度和南非，印度的基尼系数已经从1980年的0.43增长至2022年的0.63，尤其在2000—2010年增长幅度较大；南非的基尼系数在1980—1993年的基尼系数长期稳定在0.59左右，1993年开始迅速增长，其数值至2022年已经高达0.75；美国的基尼系数长期处于增长趋势，已经从1980年的0.47扩大到2022年的0.63，尤其在1980—2008年增幅更明显[2]。

二　中国收入差距的特征分析

中国2003—2019年的基尼系数分别为0.479、0.473、0.485、0.487、0.484、0.491、0.490、0.481、0.477、0.474、0.473、0.469、0.462、

---

[1] 世界不平等数据库（World Inequality Database）。
[2] 世界不平等数据库（World Inequality Database）。

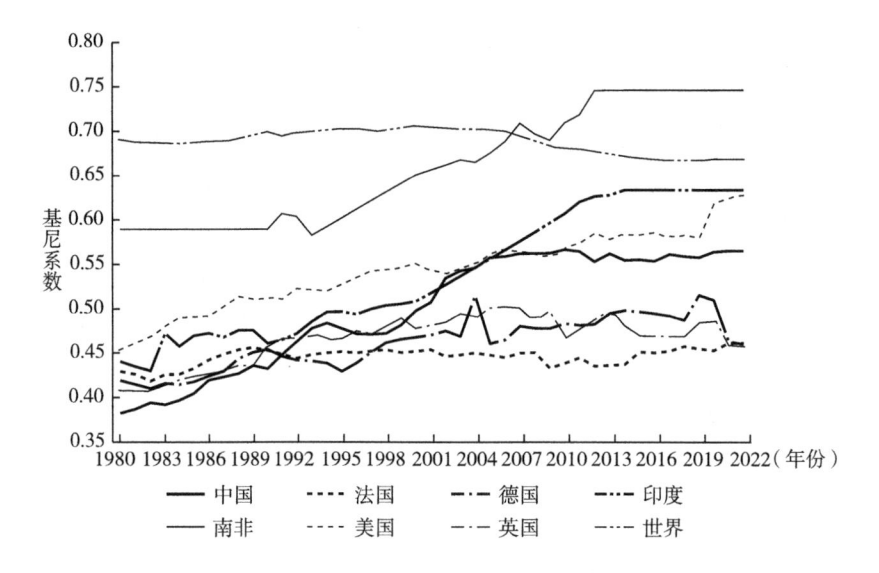

```
      0.80
      0.75
      0.70
      0.65
基 0.60
尼
系 0.55
数
      0.50
      0.45
      0.40
      0.35
          1980 1983 1986 1989 1992 1995 1998 2001 2004 2007 2010 2013 2016 2019 2022（年份）
            —— 中国      ······ 法国      —·—德国      ———印度
            —— 南非      ------ 美国      —··—英国     ——— 世界
```

图 3-3　1980—2022 年部分国家基尼系数的变化趋势

资料来源：根据世界不平等数据库（World Inequality Database）中相关数据整理绘制。

0.465、0.467、0.468、0.465[①]，数值在 2004 年有所下降，2004—2008 年处于缓慢上升阶段，数值在 2008 年达到最大值后逐步下降，随后在 2015 年达到最小值后便逐渐上升。除中国官方公布的基尼系数外，SWIID 数据库提供了按国家—年份处理的按可支配收入（Disposal Income）和按市场收入（Market Income）测度的基尼系数，如图 3-4 所示，中国的基尼系数在 1980 年仅为 0.28 左右，1983—2008 年增长幅度较大，随后便开始有小幅度降低并一直维持在 0.43 左右。

此外，基于《中国统计年鉴》的数据，可计算得到各省份在 1999—2019 年的泰尔指数，用于分析中国省级层面收入差距的变化特征，如表 3-1 所示。中国 31 个省份的泰尔指数在 1999—2006 年基本上处于上升趋势，而在 2006 年达到最大值后均出现了不同程度的下降，所有省份的泰尔指数逐渐呈现出趋同的发展趋势。

---

① 《中国住户调查年鉴》。

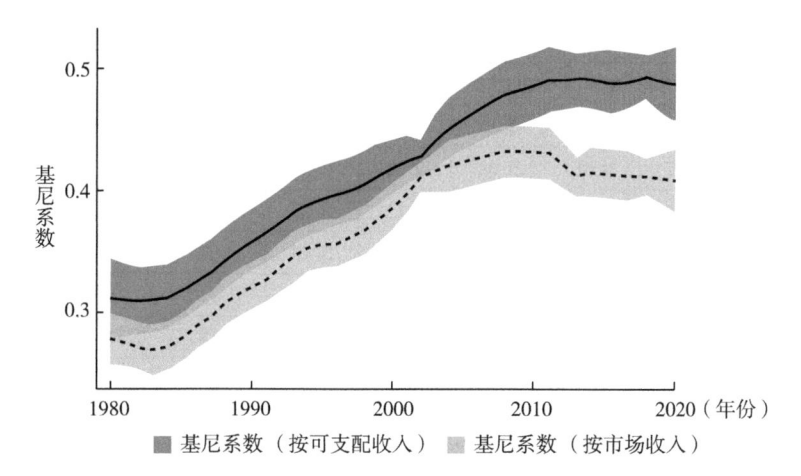

图 3-4　1980—2020 年中国收入变化趋势（基尼系数）

资料来源：根据标准化世界收入不平等数据库（SWIID）中相关数据整理绘制。

表 3-1　1999—2019 年中国各省份泰尔指数变化趋势

省份	1999 年	2002 年	2005 年	2008 年	2011 年	2014 年	2017 年	2019 年
上海	0.02	0.02	0.02	0.02	0.02	0.02	0.02	0.02
云南	0.25	0.27	0.28	0.25	0.22	0.16	0.15	0.14
内蒙古	0.09	0.13	0.14	0.13	0.12	0.10	0.10	0.09
北京	0.04	0.04	0.03	0.03	0.03	0.03	0.03	0.03
吉林	0.02	0.11	0.10	0.10	0.08	0.06	0.07	0.06
四川	0.14	0.16	0.15	0.15	0.14	0.11	0.09	0.09
天津	0.04	0.03	0.02	0.05	0.03	0.02	0.02	0.02
宁夏	0.10	0.16	0.16	0.18	0.15	0.11	0.10	0.09
安徽	0.12	0.13	0.17	0.15	0.14	0.12	0.09	0.08
山东	0.08	0.11	0.12	0.13	0.11	0.09	0.08	0.07
山西	0.10	0.14	0.15	0.15	0.15	0.11	0.10	0.09
广东	0.09	0.11	0.12	0.11	0.09	0.07	0.07	0.06
广西	0.12	0.20	0.21	0.21	0.19	0.13	0.11	0.10
新疆	0.20	0.21	0.17	0.17	0.13	0.11	0.12	0.10
江苏	0.05	0.06	0.08	0.09	0.08	0.06	0.06	0.05
江西	0.07	0.12	0.12	0.12	0.10	0.09	0.08	0.07
河北	0.06	0.10	0.11	0.13	0.10	0.09	0.08	0.07

续表

省份	1999年	2002年	2005年	2008年	2011年	2014年	2017年	2019年
河南	0.08	0.13	0.15	0.14	0.12	0.09	0.08	0.07
浙江	0.07	0.08	0.08	0.08	0.07	0.05	0.05	0.04
海南	0.10	0.13	0.12	0.12	0.12	0.09	0.08	0.08
湖北	0.09	0.13	0.13	0.13	0.10	0.07	0.07	0.07
湖南	0.12	0.14	0.15	0.15	0.13	0.11	0.10	0.09
甘肃	0.16	0.22	0.24	0.23	0.21	0.18	0.17	0.16
福建	0.08	0.11	0.12	0.12	0.11	0.07	0.07	0.06
西藏	0.28	0.33	0.27	0.22	0.17	0.14	0.15	0.14
贵州	0.20	0.23	0.26	0.25	0.23	0.17	0.16	0.15
辽宁	0.05	0.09	0.08	0.09	0.07	0.07	0.07	0.07
重庆	0.16	0.18	0.18	0.16	0.13	0.09	0.08	0.07
陕西	0.17	0.23	0.23	0.22	0.18	0.13	0.12	0.11
青海	0.16	0.20	0.20	0.20	0.16	0.14	0.13	0.12
黑龙江	0.06	0.09	0.10	0.08	0.06	0.06	0.06	0.05

资料来源：根据《中国人口年鉴》《中国统计年鉴》历年数据计算绘制。

第二节 比较优势演进的特征性事实分析

一 全球比较优势演进的特征分析

为较清晰地认识世界各国的比较优势特征，本节应用世界贸易组织（WTO）和联合国商品贸易统计数据库的数据，并选取了六个具有代表性的国家，其中包括三个发达国家（美国、英国和法国）与三个发展中国家（中国、印度和南非）。根据国际贸易标准分类（SITC），选取九类产品，分别为SITC0（食品活畜，Food and Live Animals）、SITC1（饮料烟草，Beverages and Tobacco）、SITC2（非食用原料，Crude Materials, Inedible, except Fuels）、SITC3（矿物燃料，Mineral Fuels, Lubricants and Related Materials）、SITC4（动物植物油，Animal and Vegetable Oils, Fats and Waxes）、SITC5（化学品及有关产品，Chemicals and Related Products）、SITC6（主要按材料分类的制成品，

Manufactured Goods Classified Chiefly by Material)、SITC7(机械和运输设备,Machinery and Transport Equipment)、SITC8(杂项制品,Miscellaneous Manufactured Articles)。为简便分析,将 SITC0—SITC4 归为初级产品,将 SITC5—SITC8 归为工业制成品,其中 SITC6 和 SITC8 为劳动密集型工业制成品,而 SITC5 与 SITC7 为资本技术密集型工业制成品,并进一步计算了部分国家的比较优势指数。

表 3-2 列举了 2020 年部分国家 4 类产品的比较优势指数。一方面,南非的初级产品比较优势最强,其次为美国与印度,中国的初级产品比较优势最弱。另一方面,中国与英国在工业制成品方面比较优势较强,而南非在工业制成品方面比较优势较弱。与其他三个发达国家相比,中国、印度和南非在劳动密集型工业制成品方面的比较优势尤为突出,美国、英国和法国则在资本技术密集型工业制成品方面具有较大比较优势。可知,印度和南非在初级产品中依然具有较强的比较优势,这主要依赖于发展中国家大量的廉价劳动力,南非和印度经济的比较优势在于劳动密集型产品。另外,得益于中国经济结构性改革,中国的比较优势已从初级产品转向工业制成品,且资本技术密集型工业制成品的比较优势正逐渐加强。反观发达国家,由于"去工业化现象",美国的初级产品出口的比较优势甚至高于工业制成品。但不可否认的是,美国、法国和英国的资本技术密集型工业制成品的出口贸易一直遥遥领先于其他国家。

表 3-2 2020 年部分国家 4 类产品的比较优势指数

国家	初级产品	工业制成品	劳动密集型工业制成品	资本技术密集型工业制成品
美国	1.492	0.891	0.766	0.951
英国	0.946	1.012	1.009	1.013
法国	1.019	0.996	0.897	1.043
中国	0.248	1.167	1.498	1.008
印度	1.460	0.898	1.354	0.679
南非	2.269	0.719	1.161	0.507

资料来源:根据联合国商品贸易统计数据库(UN Comtrade Database)中相关数据计算绘制。

图 3-5 反映了部分国家贸易竞争力指数的特征。中国的贸易竞争力指数大多为正且呈上升趋势,特别是在"入世"之后,中国的贸易竞争力指数快速增长。此外,由于中国在 20 世纪 70 年代中期至 80 年代施行进口替代政策,贸易竞争力指数为负数。印度的贸易竞争力在大半个世纪以来,一直表现为负数且呈 W 型缓慢上升,表明印度存在大量贸易逆差现象。南非的贸易竞争力指数具有明显的时代特征:自 20 世纪 50 年代以来,南非的贸易竞争力指数呈下降趋势,一直到 20 世纪 60 年代由正转负;在 20 世纪 70 年代至 21 世纪初,南非的贸易竞争力指数呈倒"U"形特征,这一时期指数由负转正;此后其贸易竞争力指数一直在 0 附近徘徊。美国的贸易竞争力指数变化十分明显,大半个世纪以来,一直处于稳步下降的趋势,并在 20 世纪 70 年代后期由正转负。英国的贸易竞争力指数一直为负数,在 20 世纪 80 年代以前,指数呈缓慢上升趋势,20 世纪 80 年代之后呈快速下降趋势。与英国和美国相比,法国的贸易竞争力指数在 20 世纪 70 年代初由正转负,此后一直处于较为平稳的态势。

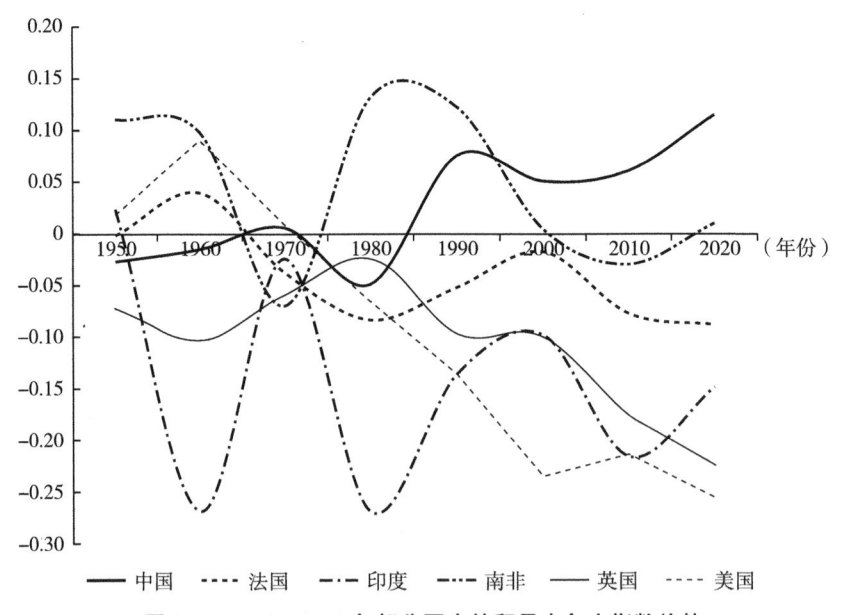

图 3-5　1950—2020 年部分国家的贸易竞争力指数趋势

资料来源:根据联合国商品贸易统计数据库(UN Comtrade Database)中相关数据计算绘制。

二 中国比较优势演进的特征分析

总体而言,目前中国出口产品的比较优势以工业制成品为主,初级产品出口已不具备比较优势。然而,其中高附加值的精加工制成品与深加工制成品比例依然很低,且低附加值劳动密集型工业制成品的大量生产与出口依然是中国出口规模的重要力量来源。具体而言,表3-3报告了1995—2020年中国九类产品的显性比较优势指数。SITC0—SITC4的RCA指数一直呈下降趋势,且至2020年仍不足0.3。SITC5产品的RCA指数呈缓慢下降的态势,从1995年的0.616下降至2020年的0.485。SITC6产品的RCA指数呈缓慢上升的趋势,从1995年的1.292上升至2020年1.317。SITC7产品的RCA指数呈快速上升趋势,从1995年的0.514上升至2020年的1.178。SITC8产品的RCA指数自2015年开始快速下降,但仍具有比较优势。由表可知,1995年至今,中国初级产品的显性比较优势指数呈递减趋势,其中最高的SITC0的RCA指数已降至0.346,而SITC1—SITC4的RCA指数早已趋近于0.10,初级产品如今在中国出口产品结构中已不具有比较优势。反观SITC7呈现出十分明显的比较优势,且这种优势正持续加强,RCA指数现已升至1.178,而SITC8尽管还保持较高的显性比较优势指数,但正逐步下降。

表3-3　1995—2020年中国九类产品的显性比较优势指数

产品类别	1995年	2000年	2005年	2010年	2015年	2020年
SITC0	0.919	0.856	0.548	0.431	0.378	0.346
SITC1	0.791	0.314	0.184	0.146	0.166	0.108
SITC2	0.712	0.573	0.293	0.170	0.167	0.149
SITC3	0.633	0.310	0.179	0.123	0.109	0.228
SITC4	0.548	0.132	0.090	0.047	0.055	0.097
SITC5	0.616	0.521	0.421	0.478	0.499	0.485
SITC6	1.292	1.186	1.158	1.149	1.292	1.317
SITC7	0.514	0.769	1.186	1.331	1.208	1.178
SITC8	2.760	2.737	2.105	2.008	1.924	1.669

资料来源:根据联合国商品贸易统计数据库(UN Comtrade Database)中相关数据计算绘制。

图 3-6 报告了 1995—2020 年中国九类产品的贸易竞争力指数，表现出如下特征：初级产品的贸易竞争力指数持续下降，大多处于贸易逆差；工业制成品的贸易竞争力指数保持上升态势，大多处于贸易顺差。具体而言，SITC0 的贸易竞争力指数在 21 世纪初之前稳步上升，最高可达 0.44，但自中国"入世"后，该指数快速下降，并在 2015 年前由正转为负。SITC1 的贸易竞争力指数在 2005 年前后由正转负，且正快速下降，至 2020 年已趋近于 -0.40。SITC2、SITC3 和 SITC4 的贸易竞争力指数一直为负，且一直处于快速下降的趋势，至 2020 年已趋近于 -1。SITC5 的贸易竞争力指数虽然一直为负数，但增速明显，有望在未来几年由逆差转为顺差。SITC6 的贸易竞争力指数增长情况分为三个阶段：一是 2000 年之后，缓慢下降至 0；二是 2000—2015 年飞速增长，最高可接近 0.5；三是 2015—2020 年，呈现缓慢下降趋势。SITC7 的贸易竞争力指数一直稳步上升，并在中国"入世"前后由逆差转为顺差。与其他产品类别相比，SITC8 的贸易竞争力指数一直处于最高位，除 2005 年前后出现小幅度波动，其余年份都非常平稳，一直保持在 0.6 左右。

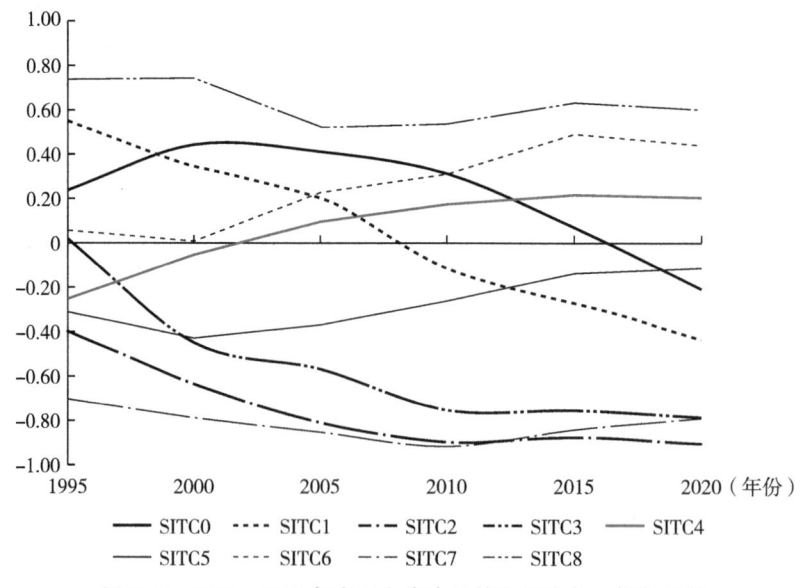

图 3-6　1995—2020 年中国九类产品的贸易竞争力指数趋势

资料来源：根据联合国商品贸易统计数据库（UN Comtrade Database）中相关数据计算绘制。

第三节 企业出口行为的特征性事实分析

一 企业出口的规模特征分析

随着经济全球化的加深，世界贸易得到了长足发展，但同时带来较大的出口风险，本节将主要叙述企业出口行为的特征性事实，因为无法得到全世界在微观企业层面的数据，所以本节主要使用出口动态数据库（Exporter Dynamics Database）提供的数据，总结企业出口行为的一些特征。图 3-7 描述了 45 个国家 1998—2012 年的出口企业数量变化特征，即贸易的扩展边际特征。通过观察，可以发现 2004 年前的出口企业、进入企业、退出企业、进入存活企业与现存企业数量均呈现稳定增长的趋势，而出口企业数量 2005—2008 年呈现先上升后下降的态势，出口企业数量与现存企业数量的变化趋势整体一致。虽然出口企业数量在 2009 年后迅速增长，但进入企业和进入存活企业的数量均逐年降低，表明在贸易发展的同时，企业也面临出口退出的风险。

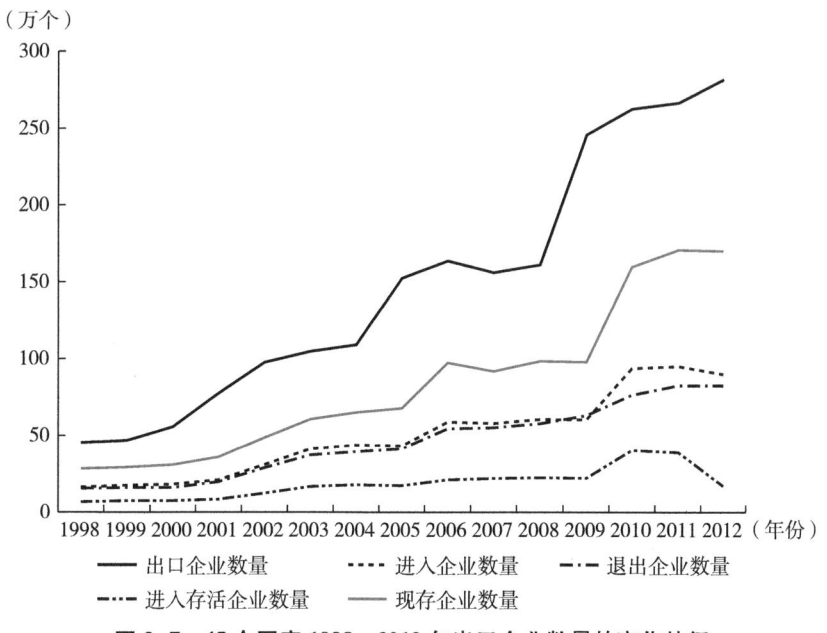

图 3-7 45 个国家 1998—2012 年出口企业数量的变化特征

资料来源：根据出口动态数据库（Export Dynamics Database）中相关数据计算绘制。

二 企业出口的多样化特征分析

图 3-8 描述了企业出口的多样化和垄断性特征。1997—2012 年，每家企业的出口产品数量变化不大，数值基本维持在 6 左右，即出口企业平均出口 6 种产品，而且在国际贸易迅速发展过程中未出现较大变化。通过观察每种产品的平均出口企业数量的变化趋势，可以发现 1997—2000 年有明显下降趋势，表明每种产品的出口企业数量随着市场竞争程度的上升而下降，在 2008 年国际金融危机后，每种产品的出口企业数量呈迅速增长趋势，出口企业数量已经从 2008 年的 18 家增加至 2014 年的 27 家，表明在出口市场中企业之间竞争激烈，进口国可以从更多的企业中挑选产品。赫芬达尔指数是反映市场集中度的指标，出口企业的赫芬达尔指数在 1997—2012 年变化较大，其中，1997—2006 年呈现"台阶式"的上升趋势，数值从 0.014 增加至 0.071，表明

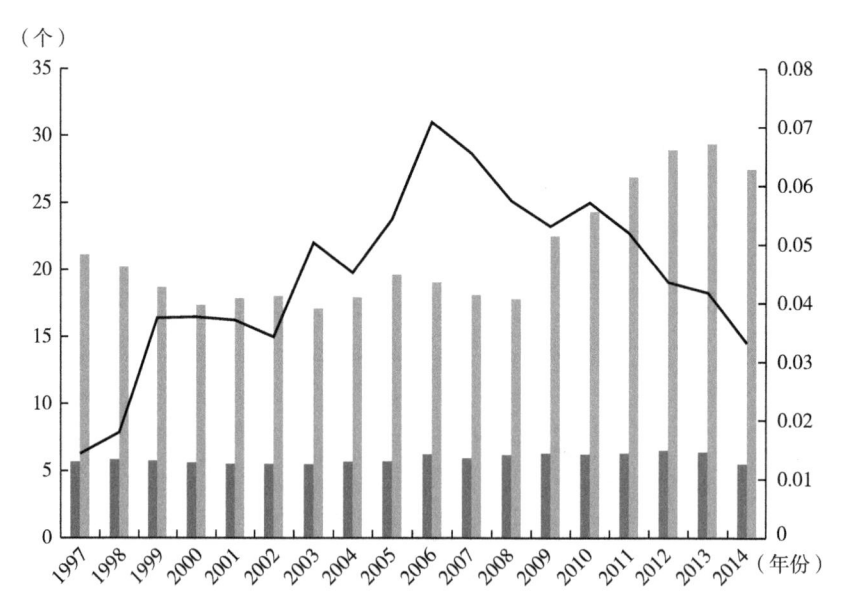

图 3-8　1997—2014 年企业出口多样化和垄断性特征

资料来源：根据出口动态数据库（Export Dynamics Database）中相关数据计算绘制。

出口企业在此阶段垄断势力上升，同时体现出出口行为越来越集中于部分企业，赫芬达尔指数在2006年达到历史最高点后，便开始呈现迅速下降的态势，数值降低至2014年的0.033，表明出口企业的垄断势力逐渐降低。

三 企业出口的进入退出特征分析

企业的出口行为不仅包括出口规模特征和多样化特征，还包括企业的进入退出以及存活特征。图3-9绘制了出口企业在进入、退出与存活方面的特征性事实，企业进入出口市场1年后的存活率平均为0.41，表明只有41%的企业在进入1年后能够继续出口到目的国；进入2年的企业存活率平均为0.27，表明只有27%的企业在进入2年后还能继续出口到目的国；进入3年的企业存活率平均为0.18，表明只有18%的企业在3年后还向目的国市场出口产品。出口1年与2年之间的存活率相差甚远，表明较多的企业在出口1年后便退出了目的国市场。企业进

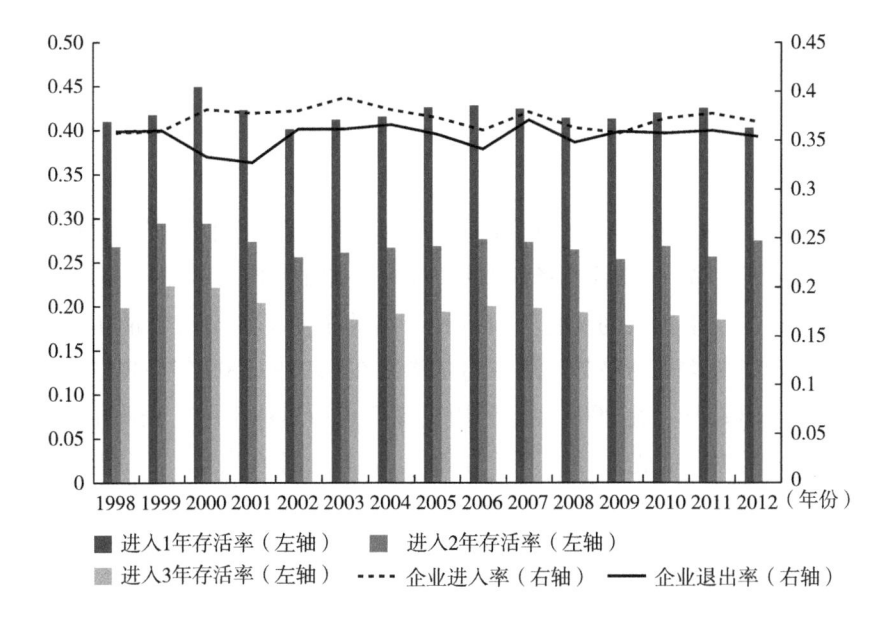

图3-9 1998—2012年企业出口进入、退出与存活的变化趋势

资料来源：根据出口动态数据库（Export Dynamics Database）中相关数据计算绘制。

入率和企业退出率的数值基本维持在 0.35 左右，且 1998—2012 年，企业进入率的曲线于企业退出率的上方，表明在部分企业进入出口市场的同时，部分企业退出了出口市场。

第四节 本章小结

本章通过对收入差距、比较优势与企业出口行为进行特征性事实分析，主要发现了以下几点结论。

第一，从 1980 年开始，国内收入差距持续扩大，而国家间的收入差距逐步降低，全球的收入差距处于下降的趋势。中国的收入差距在 1983—2008 年增长幅度较大，此后便长期维持在 0.43 左右。通过分析各省份 1999—2019 年的泰尔指数，发现均表现出相同的下滑特征。

第二，印度和南非在劳动密集型工业制成品方面具有较大的比较优势，这主要是依赖于发展中国家的大量廉价劳动力。另外，中国的比较优势已从初级产品转向工业制成品，且资本技术工业制成品的比较优势正逐渐加强。反观发达国家，由于"去工业化现象"，美国初级产品出口的比较优势甚至高于工业制成品。但不可否认的是，美国、法国和英国等发达国家依然在资本技术密集型工业制成品方面具有较大的比较优势。

第三，在 2004 年前，出口企业数量呈现稳定增长的态势，2005—2008 年出现了先上升后下降的态势。1997—2014 年，每家企业出口的产品数量未发生较大的变化，而每种产品的企业平均出口数量在 2008 年后呈现迅速增长的趋势。赫芬达尔指数在 1997—2006 年呈现"台阶式"的上升趋势，在 2006 年达到历史最高点后迅速下降，表明出口企业的垄断势力具有先上升后下降的特点。出口企业在出口 1 年后与 2 年后存活率相差甚远，表明较多的企业在出口 1 年后便退出了目的国市场，企业进入率的曲线处于企业退出率的上方，表明在企业进入出口市场的同时，也面临退出出口市场的风险。

第四章　收入差距对比较优势演进的影响：跨国经验

一直以来，相关文献重点研究了供给层面（要素丰裕度、关税结构与技术差异等）的因素对比较优势的影响。近几年，Latzer 和 Mayneris（2012）、Bradford 等（2022）从人均收入、人口规模等视角进行了比较优势的研究，这些方面的研究激发了笔者的思考，而且已有文献考察了收入差距对需求结构的影响，所以从需求侧的角度来看，考察收入差距对比较优势的影响显得尤为重要。

本章使用联合国商品贸易统计数据库（UN Comtrade Database）、世界银行数据库（World Bank Database，WBD）以及世界收入不平等数据库（World Income Inequality Database，WIID）的数据，主要参考 Bradford 等（2022）对于比较优势指标的测算定义，即两两对应的比较优势（Pairwise Revealed Comparative Advantage，PRCA）指数与相对出口优势（Relative Exports Advantage，RXA）指数，分别计算了两种形式的比较优势指数，考察了收入差距对比较优势的作用。另外，由于贸易不仅具有收入分配效用，而且能对供给侧产生影响，本章在分析框架中纳入贸易自由化程度，进而探索贸易自由化是否对收入差距与比较优势的关系起到了调节作用。

第一节　计量模型、变量选取与数据来源

一　计量模型的设定

对上文中理论模型分析可知，除一国的要素丰裕度、贸易自由化程度外，贸易伙伴国的收入差距同样对一国的比较优势起到重要作用，通

过需求规模和需求结构对比较优势产生影响。在控制其他条件时，国内收入差距的大小决定着对劳动密集型行业和技术密集型行业的需求规模，其对应的需求规模将对劳动密集型行业和技术密集型行业的比较优势产生影响，在处理面板数据时，本章使用以下计量模型来考察这一影响。

$$\ln prca_{ijt} = \alpha + \beta_1 gini_{it} + \beta_2 \ln tariff_{it} + \beta_3 \ln tariff_{it} \cdot gini_{it} + \beta_4 X_{it} + \varepsilon_{it}$$

$$\ln rxa_{ijt} = \alpha + \beta_1 gini_{it} + \beta_2 \ln tariff_{it} + \beta_3 \ln tariff_{it} \cdot gini_{it} + \beta_4 X_{it} + \varepsilon_{it} \quad (4-1)$$

式（4-1）左侧分别为两两对应的比较优势指数（PRCA）和相对出口优势指数（RXA）；式（4-1）右侧 $gini_{it}$ 为收入差距；$tariff_{it}$ 为贸易自由化程度；X_i 为控制变量；ε_{ic} 为残差项。在计量模型中，被解释变量、资本劳动比变量和关税变量均进行了对数处理。

二 变量选取及测度

1. 比较优势变量（PRCA 指数和 RXA 指数）

本章主要参考 Bradford 等（2018）对于比较优势指标的测算定义，采用两种形式的比较优势指数进行分析。其中，定义 PRCA 指数如式（4-2）所示。

$$PRCA_{ij} \equiv \frac{X_{ij}/X_i}{X_{Rj}/X_R} \quad j = L, S \quad (4-2)$$

式中：i 和 j 分别为国家、行业；L 和 S 分别为劳动密集型行业和技术密集型行业；X_{ij} 与 X_{Rj} 分别为国家 i 和全球在行业 j 的出口贸易额；X_i 与 X_R 分别为国家 i 和全球对于制成品的出口贸易额。如果国家 i 在劳动密集型行业的比较优势指数（PRCA）大于1，则揭示出该国劳动密集型行业相对技术密集型行业具有比较优势，技术密集型行业相对劳动密集型行业具有比较劣势。

除测算 PRCA 指数之外，本章还测算 RXA 指数，PRCA 指数不能全面展示一国出口以及进口某一产品的信息，RXA 指数主要比较了国家 i 的一个产品组（L 或 S）的出口与同一产品组的进出口总额的比率及与另一个产品组（S 或 L）的比率。具体见式（4-3）。

$$RXA_{ij} \equiv \frac{X_{ij}/(X_{ij}+I_{ij})}{X_{ij}/(X_{ij}+I_{ij})} = \frac{1+I_{ij}/X_{ij}}{1+I_{ij}/X_{ij}} \quad j = L, S \quad (4-3)$$

式中：I_{ij} 与 X_{ij} 分别为国家 i 在行业 j 的进口贸易额和出口贸易额。如果一国相对其他国家在某一行业有更高的 RXA 数值，表明该国在此行业具有相对比较优势。本章的实证检验分别对两个反映比较优势的指数进行了取对数处理。

2. 要素禀赋（k_l_{it}）

要素禀赋用资本存量和劳动力人数的比值表示，要素禀赋理论认为各国的相对要素丰裕度是决定各国比较优势形成的重要因素之一，且邱斌等（2014）研究发现要素禀赋能塑造新型出口比较优势，本章对该数据进行了取对数处理。

3. 控制变量（X_i）

本章主要考虑的影响因素如下。①人均国内生产总值（$rgdp_{it}$）。通常较多学者用人均国内生产总值来代替人均收入，Markusen（2013）、Matsuyama（2015）等学者通过在理论模型中嵌入非位似偏好突出了层级需求的特性，通过研究发现需求结构会随着人均收入的提高而改变，需求规模较大的产业凭借规模经济在市场中具有比较优势，Bradford 等（2022）也通过实证检验发现人均收入与行业比较优势指数之间存在正相关关系，所以从需求侧进行分析时，必须考虑人均国内生产总值。②人口规模（pop_{it}）。本章以各国每年的人口数量衡量人口规模，一个国家的人口规模通常被视为反映需求规模的重要指标，Yoshiyasu（2017）通过实证检验发现人口规模对各国的比较优势确实产生了影响，所以在计算时需要控制人口规模。③贸易自由化程度（$tariff_{it}$）。贸易自由化程度是由各国的加权关税来进行度量的，一国的关税较高意味着贸易自由化程度较低。孙楚仁（2019）、潘莹（2019）等学者已经从供给侧角度出发研究了贸易自由化对比较优势的影响，但贸易自由化同样是影响需求规模的重要因素之一，企业主要面临国内需求和国外需求，收入差距的变化导致国内需求规模发生变化，而贸易自由化程度会影响国外需求规模的大小，所以在模型中必须考察两者共同对比较优势的影响，并进一步进行交互项研究。

三 数据来源及处理

本章的实证研究主要使用以下三套数据库。第一套数据库是联合国商品贸易统计数据库。该数据库汇总了所有成员上报的各自进出口贸易的综合信息，已经包含 200 多个国家或地区、600 余种产品和 99% 的产品贸易额，数据库可以提供多种产品分类标准的数据，分别是 HS92—HS17、SITC Rev.1—Rev.4 与 BEC 分类标准，其中提供了贸易伙伴国之间的产品贸易编码、贸易额以及贸易单位等相关信息。本章从该数据库中主要获得各国和全球按照 SITC 的一位数编码统计的贸易额，根据 OECD 对于贸易产品的粗略划分和现有文献的相关划分方法，将 SITC0、SITC1、SITC2、SITC3、SITC4 四类定义为初级产品，其余的五类均划分为工业制成品。另外，本章主要分析收入差距导致需求结构改变，进而影响各国的比较优势，而且本章的重点在于对工业制成品需求的分析，进一步将 SITC6、SITC8 类定义为劳动密集型行业产品，而将 SITC5、SITC7 类定义为技术密集型行业产品，从而最终计算出各国在技术密集型行业和劳动密集型行业的比较优势指数。

第二套数据库是世界银行数据库（WBD）。该数据库提供了各国在经济领域、教育领域、人口统计等方面的统计数据，本章从中主要获得了人均 GDP、人口数量、资本存量以及劳动力总数等变量，将资本存量与劳动力总数的比值作为一国的资本劳动比。

第三套数据库是标准化世界收入不平等数据库（Standardized World Income Inequality Database，SWIID）。近年来，学术界对收入差距的原因及其后果的研究显著增加，但要有效地对各国和不同时间的收入差距水平和趋势进行比较，就必须获得可靠且可对比的数据，大量人员一直为创建一个科学的收入差距的跨国数据库而努力。到目前为止，主要创建了三个收入差距的跨国数据库：第一个是卢森堡收入研究数据库（Luxembourg Income Study，LIS），该数据库的创建者从国民家庭收入调查中获取可靠的微观数据，并使用一套统一的假设和定义计算了收入差距的数据，该数据库的优点是具有对比性，但缺点是涵盖的国家和年份相对较少，只有 30 个国家的数据，而且几乎都是世界上最富有的国家；第二个是由 Deininger 和 Squire（1996）为世界银行汇编的世界收入不平等数据库（WIID），该数据库可以提供更多的样本数量，但存在国家间横向对比性较差的问题；第三个是由 Solt（2008）通过一系列标准化处理构建的标准化世界收入不平等数据库（SWIID），截至 2021 年能够提供 1960—2020 年 199 个国家的基尼系数，该数据库不仅提供了比

WIID 更多的数据，而且数据质量更高。基于上述对比分析，本章最终选用了 SWIID8.0 版作为本章以及后几章分析收入差距的数据来源，其中涵盖税前或转移支付之前的基尼系数与税后或转移支付之后的基尼系数，以及按国家和年份分列的标准误差，而且数据库中的基尼系数数值被扩大了 100 倍。此外，通过初步核查所有变量空缺情况，最终确定分析样本期为 1991—2018 年。

表 4-1 汇报了主要变量的描述性统计结果。从样本数据来看，税前的基尼系数和税后的基尼系数分别维持在 43.66 和 37.89，这在一定意义上表明税收转移政策真实起到了降低收入差距的作用，且基尼系数的最大值已经超过了 60。此外，加权关税的平均值为 6.84。

表 4-1　　主要变量描述性统计

变量	Obs	Mean	SD	Min	Median	Max
$laborprca$	1918	1.49	0.76	0.00	1.41	3.07
$techprca$	1918	0.75	0.37	0.01	0.80	1.53
$laborrxa$	1797	2.58	5.64	0.01	1.30	152.65
$techrxa$	1797	1.42	5.32	0.01	0.77	131.25
$gini\_disp$	2143	37.89	8.40	20.70	37.60	62.60
$gini\_mkt$	2142	43.66	7.23	21.90	43.40	68.60
$rgdp$	2092	11666.72	15978.25	111.36	4164.58	115761.51
pop	2140	4.86e+07	1.77e+08	20116.00	8.02e+06	1.38e+09
$tariff$	1608	6.84	6.02	0.00	4.78	77.19
k_l	1673	5044.71	7554.73	25.54	1756.99	53969.92

资料来源：根据标准化收入不平等数据库、联合国商品贸易统计数据库和世界银行数据库中相关数据整理计算绘制。

第二节　基准回归结果及分析

一　初步经验分析

无论是通过 PRCA 指数还是 RXA 指数对各国劳动密集产业和技术

密集型产业的比较优势指数进行排名，结果均为智利、巴西、缅甸、柬埔寨、印度、印度尼西亚等国家在劳动密集型产业方面具有比较优势，巴西、印度和印度尼西亚以生产低技术产品而闻名，因而在劳动密集型行业具有比较优势并不令人惊讶。韩国和日本作为最大的电子设备出口国在技术密集型行业中存在比较优势，资本密集型行业的相对优势排名靠前的国家还包括新加坡、德国和沙特阿拉伯等人均 GDP 较高的国家，以及墨西哥等人口众多的国家。

进一步利用劳动密集型行业和技术密集型行业的 $PRCA$ 指数与 RXA 指数，分别绘制了两类行业的比较优势与人口规模、人均国内生产总值、资本劳动比以及收入差距之间关系的散点图，具体见图 4-1。通过观察图 4-1 中（a）(b) 与 (c)，发现劳动密集型行业的 $PCRA$ 指数和 RXA 指数与资本劳动比呈现负相关关系，而技术密集型行业的 $PCRA$ 指数与资本劳动比呈现正相关关系，这与要素禀赋理论的结论基本一致，资本劳动比高的国家将会在技术密集型行业中具有比较优势；通过观察图 4-1 中 (d)(e) 与 (f)，发现人口规模与两个行业比较优势并未呈现出较强的线性关系；通过观察图 4-1中 (g)(h) 与 (i)，发现人均国内生产总值与劳动密集型行业的 $PCRA$ 指数和 RXA 指数呈现负相关关系，人均国内生产总值与技术密集型行业的 $PCRA$ 指数呈现正相关关系，这初步验证了人均国内生产总值的提高会提升技术密集型行业的比较优势，此结论与层级需求下的结论基本一致，人均国内生产总值提高会导致对层级性较高产品的需求规模增加，进而最终通过需求渠道使行业逐步具有比较优势；由于理论模型设定以及求解的局限性，模型只能体现出比较优势与收入差距之间存在线性关系，但实际上收入差距不可能无限地提高一个行业的比较优势，图 4-1 中 (j)(k) 与 (l) 描述了比较优势与收入差距之间的非线性关系，发现劳动密集型行业的 $PCRA$ 指数和 RXA 指数与收入差距之间存在负相关的线性关系，而技术密集型行业的 $PCRA$ 指数与收入差距之间存在倒"U"形关系。当基尼系数在 0.45 以下，收入差距扩大会导致技术密集型行业的比较优势上升；当基尼系数超过 0.45，收入差距扩大会导致技术密集型行业的比较优势下降。

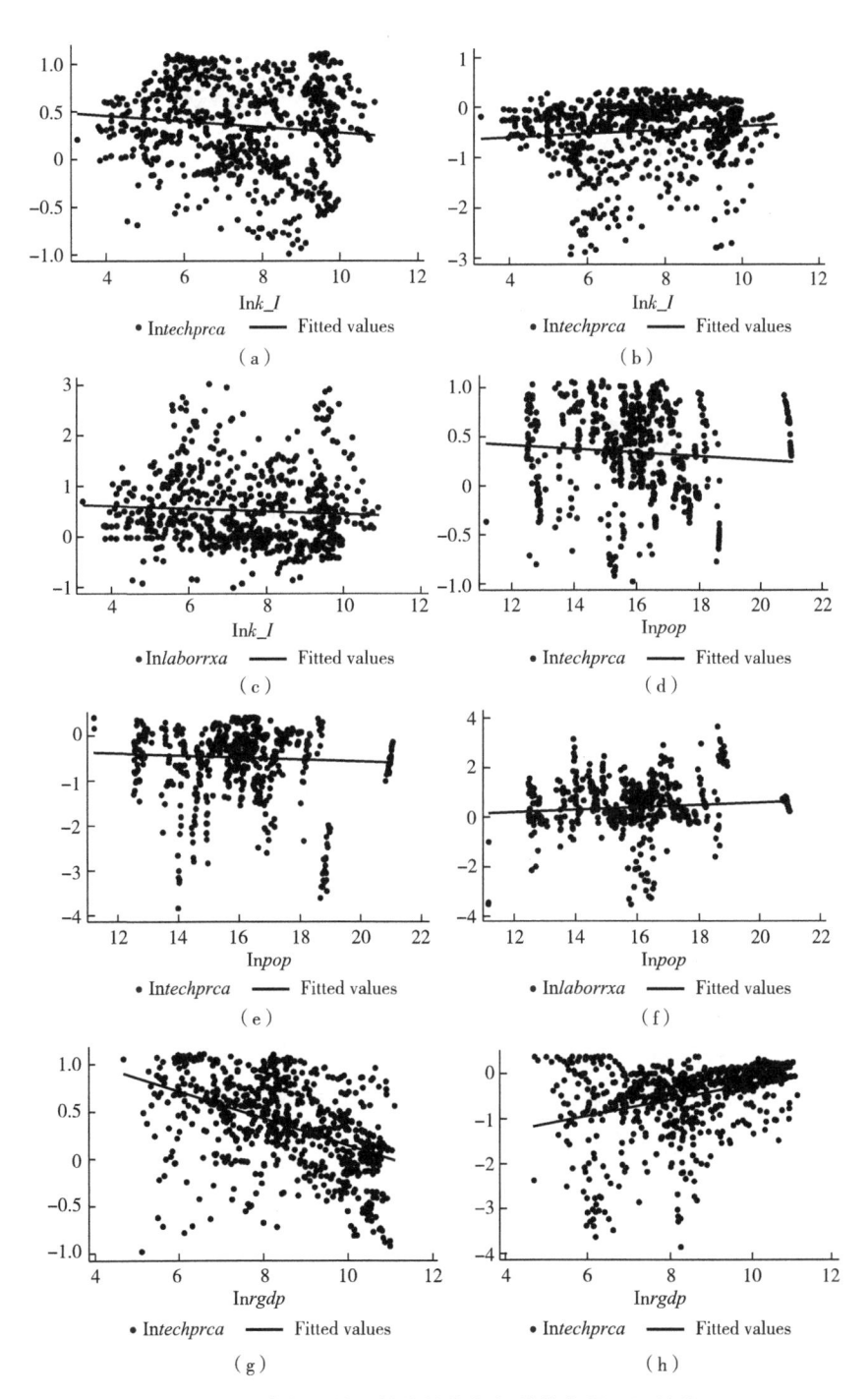

图 4-1 两类行业的比较优势指数与其他变量之间的关系

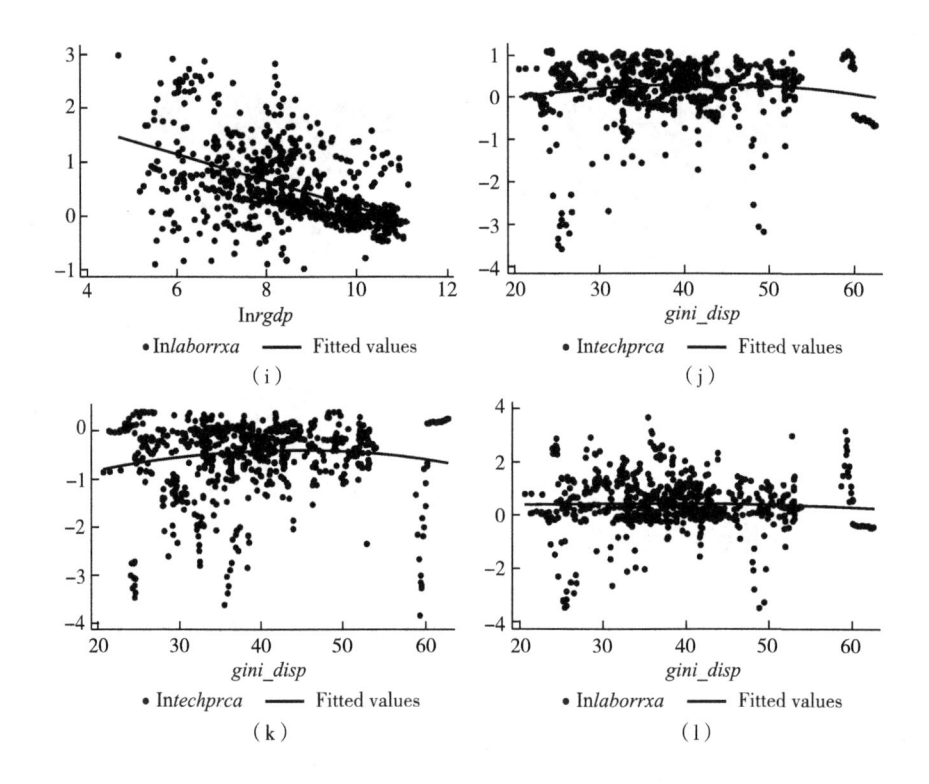

图 4-1 两类行业的比较优势指数与其他变量之间的关系（续）

资料来源：根据标准化收入不平等数据库、联合国商品贸易统计数据库和世界银行数据库中相关数据整理计算得到。

表 4-2 报告了两类行业的比较优势指数（PRCA 指数与 RXA 指数）与收入差距、人均 GDP、人口规模等变量之间的相关性系数。研究发现，两种形式的比较优势指数与收入差距之间的相关系数并非全部显著，技术密集型行业的 PRCA 指数与基尼系数之间的相关系数为正值，其他变量之间的相关性在 10% 的水平上均不显著；人均国内生产总值与劳动密集型行业的比较优势指数之间的相关系数为负值，而与技术密集型行业的比较优势指数的相关系数为正值，意味着一国人均国内生产总值提高有利于提升技术密集型行业的比较优势；人口规模与技术密集型行业比较优势指数的相关系数为负值，而与劳动密集型行业比较优势的相关系数为正值，人口规模的增加将有助于提升劳动密集型行业的比较优势，而将不利于提升技术密集型的比较优势；贸易自由化程度

与技术密集型行业比较优势的相关系数为负值,而与劳动密集型行业比较优势的相关系数为正值,表明一国贸易自由化程度越高其技术密集型行业越具有比较优势;资本劳动比与技术密集型比较优势的相关系数不显著,而与劳动密集型比较优势的相关系数为负值,表明一国资本越丰裕其劳动密集型行业越不具有比较优势。

表 4-2 相关系数矩阵

变量	ln*laborprca*	ln*techprca*	ln*laborrxa*
gini_disp	0.04	0.06*	-0.02
gini_mkt	0.07*	-0.06	0.05
ln*rgdp*	-0.11*	0.36*	-0.22*
ln*pop*	0.02	-0.07*	0.12*
ln*tariff*	-0.01	-0.16*	0.09*
ln*k_l*	-0.09*	0.05	-0.08*

注:使用 Stata 进行相关系数矩阵得到。*表示在 10% 的水平上显著。

二 基准回归分析

根据计量模型和第二章的研究结论,本章实证研究了收入差距和要素禀赋对比较优势的影响,表 4-3 报告了劳动密集型行业和技术密集型行业的比较优势指数对要素禀赋以及基尼系数的回归结果。表 4-3 中的列(1)与列(5)分别是资本劳动比对劳动密集型行业两种比较优势指数(PRCA 与 RXA)的回归结果,列(3)是资本劳动比对技术密集型行业比较优势指数(PRCA)的全样本回归结果。此外,资本劳动比对技术密集型行业的比较优势有显著的提升作用,其回归系数达到了 0.069,且在 1% 的水平上显著;资本劳动比与劳动密集型行业的比较优势存在负相关关系,其系数为 -0.064,且在 1% 的水平上显著,资本劳动比对两个行业的影响程度基本保持一致,只是影响方向不同。总体来讲,资本劳动比的增加有利于促进技术密集型行业比较优势的提升,这在一定意义上验证了要素禀赋会影响不同产业的比较优势。

表中的列(2)与列(6)分别报告了基尼系数对劳动密集型行业的两种比较优势指数的回归结果,表中的列(4)报告了基尼系数对技术密集型行业比较优势指数（PRCA）的回归结果。通过观察可知，基尼系数对劳动密集型行业 PRCA 指数的回归结果并不显著，而对技术密集型行业 PRCA 指数的回归系数为 0.011，且在 5% 的水平上显著，基尼系数对劳动密集型行业 RXA 指数的回归系数为-0.018，且在 5% 的水平上显著。综上所述，收入差距确实对行业比较优势产生了显著的影响，初步证实了收入差距是影响比较优势的重要因素之一。

表 4-3　　　　　　　　　　基准回归结果：加入资本劳动比

变量	(1)	(2)	(3)	(4)	(5)	(6)
	劳动密集型行业		技术密集型行业		劳动密集型行业	
	$\ln prca_{ijt}$		$\ln prca_{ijt}$		$\ln rxa_{ijt}$	
$\ln k\_l_{ij}$	-0.064*** (-3.34)		0.069*** (3.69)		-0.109*** (-4.25)	
$gini\_mkt_{it}$		-0.007 (-1.26)		0.011** (2.03)		-0.018** (-2.42)
常数项	0.708*** (4.44)	0.528** (2.13)	-0.985*** (-6.25)	-0.950*** (-3.85)	1.163*** (5.42)	1.127*** (3.36)
国家固定效应	控制	控制	控制	控制	控制	控制
时间固定效应	控制	控制	控制	控制	控制	控制
样本量	1016	1016	1016	1016	1016	1016
P 值	0.001	0.207	0.000	0.042	0.000	0.015
R^2	0.80	0.80	0.84	0.84	0.82	0.82

注：括号中的数字为 t 统计量，**、***分别表示在 5% 和 1% 的水平上显著。

为进一步研究国内收入差距的调节作用，将基尼系数和资本劳动比的交互项加入计量模型中进行回归分析，回归结果如表 4-4 所示。其中列（2）和列（4）的回归系数并不显著，只有列（6）的回归系数在 10% 的水平上显著，其中资本劳动比的回归系数为 0.208，基尼系数的回归系数为 0.050，交互项的系数为-0.006，且在 5% 的水平上显著。这表明随着基尼系数的增加，资本劳动比对劳动密集型行业比较优势的边际效应会下降，同时也表明资本劳动比对技术密集型行业比较优势的边际效应会上升，这验证了第二章中的理论假说 1，即各国在要素相对丰裕的产品方面存在比较优势，各国收入差距扩大会导致其对应的比较优势越发明显。

表 4-4　　　　　　　　基准回归结果：加入交互项

变量	(1)	(2)	(3)	(4)	(5)	(6)
	劳动密集型行业		技术密集型行业		劳动密集型行业	
	$\ln prca_{ijt}$		$\ln prca_{ijt}$		$\ln rxa_{ijt}$	
$\ln k\_l_{it}$	-0.035***	0.078	0.022	-0.082	-0.044**	0.208*
	(-2.73)	(0.98)	(1.54)	(-0.92)	(-2.50)	(1.92)
$gini\_mkt_{it}$	0.006**	0.026*	-0.006*	-0.024	0.005	0.050***
	(2.10)	(1.82)	(-1.85)	(-1.52)	(1.45)	(2.59)
$\ln k\_l_{it} *$ $gini\_mkt_{it}$		-0.002		0.002		-0.006**
		(-1.44)		(1.19)		(-2.35)
常数项	0.256	-0.668	-0.401**	0.449	0.489**	-1.562*
	(1.60)	(-1.01)	(-2.25)	(0.61)	(2.25)	(-1.74)
国家固定效应	控制	控制	控制	控制	控制	控制
时间固定效应	控制	控制	控制	控制	控制	控制
样本量	1016	1016	1016	1016	1016	1016
P 值	0.000	0.000	0.000	0.000	0.000	0.000
R^2	0.74	0.65	0.67	0.78	0.83	0.81

注：括号中的数字为 t 统计量，*、**、*** 分别表示在 10%、5% 和 1% 的水平上显著。

第三节　内生性处理与稳健性检验

一　内生性处理

本章主要研究收入差距对企业全要素生产率的影响，因此计算了省级层面的泰尔指数来表示收入差距，这使解释变量相对于被解释变量较为宏观，所以不可能发生反向因果造成的内生性问题。除反向因果导致存在内生性问题外，遗漏变量同样会导致内生性问题，本章最终使用了面板固定效应模型，从而尽可能地解决内生性问题。

表4-5报告了使用面板固定效应模型的回归结果，列（1）至列（3）的估计结果显示两者之间确实存在倒"U"形关系，所对应回归结果的拟合优度已经有较大程度的提升，而且其他控制变量的系数方向与此前的回归结果一致，这进一步验证了此前的研究结论。

表4-5　　　　　　　　内生性处理结果：使用面板固定效应

变量	（1）劳动密集型行业 $\ln prca_{ijt}$	（2）技术密集型行业 $\ln prca_{ijt}$	（3）劳动密集型行业 $\ln rxa_{ijt}$
$gini\_mkt_{it}$	-0.004	0.025**	-0.025*
	(-0.49)	(2.04)	(-1.89)
$\ln rgdp_{it}$	-0.174***	0.144***	-0.191***
	(-3.55)	(2.99)	(-2.97)
$\ln tariff_{it}$	0.047	0.483***	-0.245
	(0.45)	(2.84)	(-1.61)
$\ln tariff_{it} * gini\_mkt_{it}$	-0.002	-0.012***	0.007**
	(-0.82)	(-3.37)	(2.13)
常数项	1.948***	-2.707***	3.089***
	(2.99)	(-3.77)	(3.48)
国家固定效应	控制	控制	控制
时间固定效应	控制	控制	控制
样本量	1016	1016	1016
P值	0.001	0.000	0.000
R^2	0.83	0.86	0.83

注：括号中的数字为t统计量，*、**、***分别表示在10%、5%和1%的水平上显著。

二　稳健性检验

上文的研究均使用各国税后收入差距指标作为核心解释变量进行回归分析，为降低由变量测度造成的估计偏差，本部分将各国滞后一期的基尼系数进行了替换研究。表4-6报告了具体的回归结果，列（1）的回归结果并不理想，只有人均GDP的回归系数在1%的水平上显著为负。列（2）和列（3）分别是技术密集型行业和劳动密集型行业比较优势的回归结果，收入差距对技术密集型行业 PRCA 指数的回归系数在 1% 的水平上显著为正，而收入差距对劳动密集型行业 RXA 指数的回归系数在 1 的 % 水平上显著为负。这表明收入差距扩大导致技术密集型行业的比较优势提升及劳动密集型行业的比较优势下降，人均 GDP 对技术密集型行业和劳动密集型行业的比较优势分别产生了正向作用和负向作用，体现出人均国内生产总值同样通过需求渠道影响了比较优势。总之，使用滞后一期基尼系数的回归结果与此前的回归结果基本一致，再次表明本章的回归结果具有较好的稳健性。

表 4-6　　　　　　稳健性检验结果：滞后一期基尼系数

变量	（1）劳动密集型行业 $\ln prca_{ijt}$	（2）技术密集型行业 $\ln prca_{ijt}$	（3）劳动密集型行业 $\ln rxa_{ijt}$
$gini\_mkt_{it-1}$	−0.002 (−0.37)	0.025*** (4.11)	−0.023*** (−2.69)
$\ln rgdp_{it}$	−0.136*** (−4.50)	0.135*** (4.94)	−0.158*** (−4.05)
$\ln tariff_{it}$	0.079 (0.75)	0.625*** (6.59)	−0.399*** (−2.95)
$\ln tariff_{it} * gini\_mkt_{it}$	−0.002 (−0.97)	−0.015*** (−8.40)	0.010*** (3.87)
常数项	1.473*** (3.36)	−2.585*** (−6.53)	2.591*** (4.60)
国家固定效应	控制	控制	控制
时间固定效应	控制	控制	控制
样本量	810	810	810
P 值	0.000	0.000	0.000
R^2	0.87	0.88	0.87

注：括号中的数字为 t 统计量，***表示在 1% 的水平上显著。

此前已有较多文献通过缩短或扩展样本期限进行回归分析的稳健性检验，例如李卫兵和张凯霞（2019）在研究空气污染对企业生产率的影响时，通过调整样本期的方法进行了稳健性检验。本节同样通过缩短样本时期的方法进行了稳健性检验，将样本调整为1991—2010年，回归结果见表4-7，发现结果与基准回归结果一致，再次表明本章的回归结果具有较好的稳健性。

表4-7　稳健性检验结果：缩短样本时期

变量	(1) 劳动密集型行业 $\ln prca_{ijt}$	(2) 技术密集型行业 $\ln prca_{ijt}$	(3) 劳动密集型行业 $\ln rxa_{ijt}$
$gini\_mkt_{it}$	-0.015 (-1.41)	0.037** (2.30)	-0.044** (-2.59)
$\ln rgdp_{it}$	-0.149** (-2.50)	0.094* (1.84)	-0.137* (-1.77)
$\ln tariff_{it}$	0.105 (1.01)	0.472** (2.03)	-0.238 (-1.22)
$\ln tariff_{it} * gini\_mkt_{it}$	-0.002 (-1.15)	-0.013** (-2.40)	0.007* (1.80)
常数项	2.177** (2.58)	-2.742*** (-3.55)	3.371*** (3.15)
国家固定效应	控制	控制	控制
时间固定效应	控制	控制	控制
样本量	756	756	756
P值	0.000	0.002	0.000
R^2	0.85	0.86	0.85

注：括号中的数字为t统计量，*、**、***分别表示在10%、5%和1%的水平上显著。

第四节　进一步回归分析

一　加入贸易自由化的回归分析

贸易自由化对各行业的微观企业均存在资源重置效应，进而影响各行业的企业全要素生产率,最终导致行业的比较优势有所改变。基于此,本部分将加权关税变量加入计量模型中,探索了收入差距与贸易自由化对比较优势的影响,此前的一些文献均研究发现人口规模和人均 GDP 对比较优势产生影响,所以本章同样将这些变量加入计量模型之中。另外,因为资本劳动比与人口规模和人均 GDP 之间存在共线性问题,所以本节的回归分析剔除了资本劳动比变量,回归结果如表 4-8 所示。表 4-8 中列(1)、列(2)与列(3)的人口规模变量均不显著,表明人口规模对劳动密集型行业和技术密集型行业的笔记比较优势没有产生显著影响。表 4-8 中列(1)、列(2)与列(3)中人均 GDP 变量均在 1% 的水平上显著,且对劳动密集型行业和技术密集型行业比较优势的回归系数分别为 -0.139 与 0.120,这意味着一国人均 GDP 的增加会降低其劳动密集型行业的比较优势,并提升其技术密集型行业的比较优势,且人均 GDP 对劳动密集型行业的影响大于对技术密集型行业的影响。

表 4-8 中列(3)的回归结果相对理想,其中基尼系数的回归系数为 -0.013,且在 10% 的水平上显著,这意味着基尼系数每上升一个单位,劳动密集型行业的比较优势将降低 1.3%。加权关税对劳动密集型行业 RXA 指数的回归系数为 0.076,且在 5% 的水平上显著,表明关税增加会增加劳动密集型行业的比较优势,这从另一方面表明关税增加会降低技术密集型行业的比较优势。贸易自由化程度越低的国家在劳动密集型行业方面越存在比较优势,而贸易自由化程度越高的国家在技术密集型行业方面越存在比较优势,如果一国要摆脱在劳动密集型行业中具有比较优势的现状,且在未来培育技术密集型行业方面的比较优势,势必要深入进行贸易自由化改革。

表 4-8 进一步回归结果:加入关税变量

变量	(1) 劳动密集型行业 $\ln prca_{ijt}$	(2) 技术密集型行业 $\ln prca_{ijt}$	(3) 劳动密集型行业 $\ln rxa_{ijt}$
$gini\_mkt_{it}$	-0.005 (-0.98)	0.005 (0.96)	-0.013* (-1.79)

续表

变量	(1) 劳动密集型行业 $\ln prca_{ijt}$	(2) 技术密集型行业 $\ln prca_{ijt}$	(3) 劳动密集型行业 $\ln rxa_{ijt}$
$\ln rdp_{it}$	-0.139*** (-5.12)	0.120*** (4.72)	-0.163*** (-4.56)
$\ln pop_{it}$	-0.025 (-0.70)	0.005 (0.14)	0.008 (0.17)
$\ln tariff_{it}$	-0.021 (-0.75)	-0.117*** (-4.58)	0.076** (2.10)
常数项	2.044*** (2.98)	-1.575** (-2.32)	2.019** (2.19)
国家固定效应	控制	控制	控制
时间固定效应	控制	控制	控制
样本量	1016	1016	1016
P值	0.000	0.000	0.000
R^2	0.81	0.85	0.82

注：括号中的数字为 t 统计量，*、**、***分别表示在10%、5%和1%的水平上显著。

为继续研究收入差距和贸易自由化对比较优势的交互作用，将基尼系数变量和加权关税变量的交互项加入计量模型之中，回归时依然剔除了资本劳动比变量，回归结果如表4-9所示。表4-9列（1）中基尼系数、加权关税以及交互项均不显著。列（2）与列（3）的回归结果较为显著，基尼系数对技术密集型行业的比较优势产生了正向影响，而对劳动密集型行业比较优势产生了负向影响。人均GDP与加权关税的回归结果基本与前文中的回归结果保持一致，交互项对技术密集型行业比较优势指数的回归系数为-0.012，且在1%的水平上显著，而交互项对劳动密集型行业比较优势指数的回归系数为0.007，同样在1%的水平上显著。这表明随着贸易自由化进程的继续推进，收入差距对劳动密集型行业比较优势的边际效应会逐渐下降，而收入差距对资本密集型行业比较优势的边际效应会逐渐增加。

表 4-9　　　　　　　　进一步回归结果：加入交互项

变量	(1) 劳动密集型行业 $\ln prca_{ijt}$	(2) 技术密集型行业 $\ln prca_{ijt}$	(3) 劳动密集型行业 $\ln rxa_{ijt}$
$gini\_mkt_{it}$	-0.003 (-0.49)	0.025*** (4.29)	-0.023*** (-2.86)
$\ln rgdp_{it}$	-0.134*** (-4.94)	0.142*** (5.70)	-0.176*** (-4.91)
$\ln tariff_{it}$	0.054 (0.54)	0.488*** (5.51)	-0.253** (-1.96)
$\ln tariff_{it} * gini\_mkt_{it}$	-0.001 (-0.75)	-0.012*** (-7.13)	0.007*** (2.65)
常数项	1.503*** (3.74)	-2.635*** (-7.13)	2.769*** (5.23)
国家固定效应	控制	控制	控制
时间固定效应	控制	控制	控制
样本量	1016	1016	1016
P 值	0.000	0.000	0.000
R^2	0.81	0.85	0.83

注：括号中的数字为 t 统计量，**、***分别表示在5%和1%的水平上显著。

二　非线性回归分析

为进一步考察收入差距与比较优势之间是否存在非线性关系，在计量模型中加入基尼系数的平方项，表 4-10 报告了回归结果。表 4-10 中列（1）和列（3）分别是劳动密集型行业关于 PRCA 指数和 RXA 指数的回归结果，基尼系数的回归系数在1%的水平上显著且方向为负，基尼系数平方项的回归系数分别为 0.002 和 0.001，其中对 PRCA 指数的回归结果并不显著，只有 RXA 指数的回归结果在10%的水平上显著，这基本上与此前的初步经验分析结果一致，即收入差距与劳动密集型的比较优势之间不存在明显的非线性关系，换句话说，收入差距扩大会降低劳动密集型行业的比较优势。人均 GDP 对劳动密集型行业 PRCA 指数和 RXA 指数的回归系数分别为 -0.248 和 -0.246，且均在 1% 的水平上显著，表明人均 GDP 上升将导致劳动密集型行业的比较优势下降，这与基准回归结果一致，即人均 GDP 也是体现需求层级性的重要指标，消费者会随着收入上升而消费更多层级性高的产品。人口规模对劳动密集型行业比较优势的回归系数为负，但只有列（1）中的结果在 10% 的水平上显著为负；关税对劳动密集型行业 PRCA 指数的回归系数为 -0.460，且在 1% 的水平上显著，表明贸易自由化导致劳动密集型行业的比较优势提升。

表 4-10 中列（2）和列（4）分别是对技术密集型行业两种比较优势指数的回归结果，可以发现人口规模在两种比较优势指数的回归中均不显著，表明人口并未显著影响技术密集型行业的比较优势。基尼系数对 PRCA 指数和 RXA 指数的回归系数分别为 0.257 和 0.211，基尼系数平方项对 PRCA 指数和 RXA 指数的回归系数分别为 -0.003 和 -0.002，且这四个回归系数均在 1% 的水平上显著。这表明收入差距与技术密集型行业的比较优势之间存在倒"U"形关系，这与初步经验分析中的结论基本一致，这种倒"U"形关系的背后反映出的基本事实是，收入差距在一定范围内的适度扩大将导致技术密集型行业的比较优势上升，而当收入差距超过限定的数值时，收入差距扩大会导致技术密集型行业的比较优势下降，收入差距扩大虽然能导致对技术密集型行业或奢侈品行业的需求规模增加，但不可能永久增加需求规模，收入差距的扩大同样给经济发展带来了负面影响，从而出现此回归结果。人均 GDP 对技术密集型行业两种比较优势指数的回归系数分别为 0.205 和 0.246，且在 1% 的水平上显著，表明一国人均 GDP 每提高 1%，该国技术密集型行业的 PRCA 指数和 RXA 指数分别上升 0.205% 和 0.246%。这是因为技术密集型行业的产品较劳动密集型行业的产品消费层级性更高，研究结论与预期结果一致。

表 4-10　　进一步回归结果：加入收入差距平方项

变量	(1) 劳动密集型行业 $\ln prca_{ijt}$	(2) 技术密集型行业 $\ln prca_{ijt}$	(3) 劳动密集型行业 $\ln rxa_{ijt}$	(4) 技术密集型行业 $\ln rxa_{ijt}$
$gini\_mkt_{it}$	-0.169*** (-4.09)	0.257*** (4.05)	-0.211*** (-3.03)	0.211*** (3.03)
$gini\_mkt_{it}^2$	0.002 (1.17)	-0.003*** (-4.05)	0.001* (2.12)	-0.002*** (-3.12)
$\ln rgdp_{it}$	-0.248*** (-10.40)	0.205*** (5.41)	-0.246*** (-5.96)	0.246*** (5.96)
$\ln pop_{it}$	-0.070* (-1.79)	0.029 (0.54)	-0.029 (-0.48)	0.029 (0.48)
$\ln tariff_{it}$	-0.460*** (-2.78)	0.530* (1.95)	-0.340 (-1.16)	0.340 (1.16)
$\ln tariff_{it} * gini\_mkt_{it}$	0.009*** (2.60)	-0.012** (-2.07)	0.008 (1.40)	-0.008 (-1.40)
常数项	7.471*** (6.28)	-8.594*** (-4.80)	7.758*** (3.93)	-7.758*** (-3.93)
国家固定效应	控制	控制	控制	控制
时间固定效应	控制	控制	控制	控制
样本量	204	204	204	204
P 值	0.000	0.000	0.000	0.000
R^2	0.96	0.93	0.94	0.94

注：括号中的数字为 t 统计量，*、**、*** 分别表示在 10%、5% 和 1% 的水平上显著。

第五节　本章小结

在非位似偏好和异质性消费者的理论框架下的研究已经证明了收入差距是影响需求结构的重要因素，由此导致不同行业的比较优势发生改变，而且本书第二章已经提出了一些关于收入差距影响比较优势的理论假说。本章利用 1991—2018 年世界各国的面板数据，实证考察了收入差距对比较优势的影响，研究结论如下。

第一，收入差距对比较优势产生了显著的影响。①资本劳动比对劳动密集型行业和技术密集型行业的比较优势呈现负向和正向影响，这与经典的要素禀赋理论不谋而合。②收入差距对劳动密集型行业和资本密集型行业的比较优势分别产生了负向和正向影响，通过进一步加入资本劳动比和收入差距的交互项进行回归发现，随着基尼系数的增加，资本劳动比对劳动密集型行业比较优势的边际效应会下降，表明资本劳动比对技术密集型行业比较优势的边际效应会上升，恰好验证了理论假说2，即各国在相对丰裕要素的产品方面存在比较优势，各国收入差距扩大会导致其对应的比较优势越发明显。③关税增加会增加劳动密集型行业的比较优势，表明关税增加会降低技术密集型行业的比较优势，并且随着贸易自由化进程的继续推进，收入差距对劳动密集型行业比较优势的边际效应会逐渐下降，而收入差距对资本密集型行业比较优势的边际效应会逐渐增加。为降低由变量度量造成的估计偏差，本章使用各国滞后一期的基尼系数进行了替换研究，研究发现使用滞后一期基尼系数的回归结果与此前的回归结果基本一致且相对显著，再次表明本章的回归结果具有较好的稳健性。

第二，收入差距和贸易自由化对比较优势产生协同影响。因为贸易自由化是影响比较优势的重要因素，所以本章将加权关税加入计量模型中进行了回归分析，进一步研究了贸易自由化和收入差距对比较优势的影响，回归结果表明，一方面关税增加会增加劳动密集型行业的比较优势，另一方面关税增加会降低技术密集型行业的比较优势。收入差距与关税的交互项对技术密集型行业比较优势指数的回归系数为 -0.012，且在 1% 的水平上显著，而对劳动密集型行业比较优势指数的回归系数为 0.007，同样在 1% 的水平上显著。这表明随着贸易自由化进程的持续推进，收入差距对劳动密集型行业比较优势的边际效应会逐渐下降，而收入差距对技术密集型行业比较优势的边际效应会逐渐增加。

第三，收入差距与比较优势之间存在倒"U"形关系。基尼系数对劳动密集型行业比较优势的回归系数在 1% 的水平上显著且方向为负，基尼系数平方项对劳动密集型行业比较优势的回归系数并不十分显著，表明收入差距与劳动密集型的比较优势之间不存在明显的非线性关系，换句话说，收入差距扩大会降低劳动密集型行业的比较优势。基尼系数平方项对技术密集型行业 $PRCA$ 指数和 RXA 指数的回归系数分别为 -0.003 和 -0.002，且在 1% 的水平上显著表明收入差距与技术密集型行业的比较优势之间存在倒"U"形关系，表明收入差距在一定范围内的适度扩大，将导致技术密集型行业的比较优势提升，而当收入差距超过限定数值时，收入差距扩大会导致技术密集型行业的比较优势下降。

第五章　收入差距对企业全要素生产率的影响：中国经验

改革开放四十多年以来，中国的经济建设已经取得了举世瞩目的成就，经济总量的世界位次稳步提升，已经成为世界第二大经济体，但总体上看经济发展质量不高，要实现经济高质量发展，就必须提高全要素生产率，而要提高全要素生产率就必须清楚地认识其受哪些因素的影响。

近年来，研究企业全要素生产率的文献如雨后春笋般涌现，尤其是较多文献研究了产业政策和贸易政策对全要素生产率的影响，例如钱雪松等（2018）以2009年出台的十大产业振兴规划政策为自然实验，运用双重差分（Differences in Differences，DID）方法研究了选择性产业政策对企业全要素生产率的影响，发现出台的十大产业振兴规划政策通过资本配置效率渠道对企业全要素生产率产生了正向影响。王胜（2020）使用2000—2006年的中国微观企业数据，实证分析了出口退税政策对企业全要素生产率的影响，发现出口退税率显著促进了国内企业全要素生产率的提升，而且从整体层面上发挥了企业间资源的再配置作用。也有部分研究学者从企业自身的研发投入、进口中间品等角度研究了对生产率的影响，张广胜和孟茂源（2020）使用2009—2017年的行业上市公司的数据，实证分析了研发投入对企业全要素生产率的影响，发现研发投入显著促进企业全要素生产率提升，而且影响作用随时间逐渐减弱。总的来看，现有关于影响企业全要素生产率的文献主要集中于对外部政策或供给侧的研究，随着学术界对需求侧的逐渐重视，近几年有几篇文献研究了需求对企业全要素生产率的影响，例如颜色等

（2018）构建了一个多部门一般均衡模型，从需求结构角度解释了产业结构变迁和生产率提升，他们利用数值模拟方法发现需求结构变迁对中国产业结构转型和生产率提升影响显著。袁莉琳等（2020）使用2000—2007年的中国微观企业数据，实证检验了出口需求波动对产品组合和企业生产率的影响，发现出口需求波动并未促进企业生产率提升。

本书的第二章和第四章已经发现收入差距通过需求结构的渠道影响各行业的比较优势，而生产率作为衡量比较优势的重要指标，有必要探索一国国内收入差距是否通过需求结构的渠道影响企业的全要素生产率，是否对不同类型企业、不同行业的生产率产生异质性影响，基于中国2000—2014年的微观企业数据，本章实证分析了中国收入差距对行业企业全要素生产率的影响，并对不同样本进行了回归分析，观察是否存在异质性。另外，本章在计量模型中加入了收入差距的平方项，从而探索收入差距与企业全要素生产率之间是否存在倒"U"形关系。

第一节　计量模型、变量选取与数据来源

一　计量模型的设定

由上文的理论模型分析可知，一国的收入差距与需求结构紧密相关，会对产业层面的比较优势产生影响，作为市场微观主体的企业会随着需求结构的变化而受到影响，即收入差距扩大会导致对差异化制成品的需求规模增加，需求规模的增加会使企业数量增加，进而影响企业的全要素生产率，本章首先使用以下计量模型考察收入差距对企业全要素生产率的影响。

$$\ln tfp_{ijkt}=\alpha+\beta_1 theil_{jt}+\beta_2 theil_{jt}^2+\beta_3 X_{it}+\beta_4 Y_{jt}+\beta_5 Z_{kt}+\varepsilon_{it} \tag{5-1}$$

式中：i 为企业；j 为省份；k 为行业；t 为年份；$\ln tfp_{ijt}$ 为工业企业的全要素生产率；$theil_{jt}$ 和 $theil_{jt}^2$ 分别为省级层面的泰尔指数和泰尔指数的平方项；X_{it} 为企业层面的控制变量；Y_{jt} 为省级层面的控制变量；Z_{kt} 为行业层面的控制变量；ε_{it} 为随机误差项。

二 变量选取及测度

1. 企业全要素生产率（$\ln tfp_{ijkt}$）

现有文献中，主要存在两种计算企业全要素生产率的方法，分别是 LP 方法和 OP 方法，其中 LP 方法在计算时需要使用企业的工业中间投入指标，但因 2008 年后的数据库中缺少了这一项关键变量，所以本章使用 OP 方法测算工业企业的全要素生产率。

2. 收入差距（$theil_{jt}$）和收入差距的平方项（$theil_{jt}^2$）

本章在进行研究的过程中，得到了国家层面的收入差距数据，但限于数据样本过少，便进一步测算了省级层面的收入差距。中国的收入差距较大程度上体现在城乡之间的差距，现有文献中主要使用城乡收入比与泰尔指数来衡量收入差距，虽然城乡收入比的衡量方法更简单直观，但忽略了人口结构的因素，本章则利用泰尔指数衡量了收入差距，利用《中国人口年鉴》提供的城乡人口数量变量和《中国统计年鉴》提供的城乡总收入变量，计算得到了省级层面的泰尔指数。为了研究收入差距与企业全要素生产率之间是否存在"U"形或者倒"U"形关系，本章进一步计算得到了各省份泰尔指数的平方项变量。

3. 为避免遗漏重要解释变量造成出现有偏的计量结果，本章在计量模型中分别加入了企业层面的控制变量 X_{it}、省级层面的控制变量 Y_{jt}。

其中企业层面的控制变量主要包括：①企业规模（$\ln SIZE_{it}$），该数据主要利用数据库中的固定资产总值进行衡量，而且对其进行了取对数处理，证明企业的规模与生产率之间必然存在一定关系；②企业资本劳动比（$\ln PCC_{it}$），该数据由数据库提供的固定资产总值与职工数量做除法计算得到，并对该数据进行了取对数处理，较高的资本劳动比意味着企业的技术含量更高，导致企业全要素生产率更高；③企业年龄（$\ln AGE_{it}$），该数据是根据数据库中提供的开业时间计算得到，并对该数据进行了取对数处理，企业年龄数值大意味着企业具有更丰富的经营经验，现有理论已经发现企业的经营经验与生产率之间存在关系；④企业固定资产占总产值比值（$\ln CTO_{it}$），该数据由数据库提供的固定资产总值与总产值变量做除法计算得到，并且对其采取了取对数处理。

省级层面的控制变量主要包括：①人口规模（$\ln pop_{jt}$），已有文献在进行需求侧方面的研究时，通常使用人口规模来衡量该地区或者该国家的市场需求规模，证明人口规模大的地区会为企业提供更大的需求市场，从而使企业实现规模经济，进而提高企业的全要素生产率，本章对人口规模进行了取对数处理；②人均国内生产总值（$lnrgdp_{jt}$），现有较多涉及非位似偏好的文献研究发现消费者的人均收入会影响需求结构变迁，颜色等（2018）发现需求结构变迁会在一定程度上影响全要素生产率，本章依然对人均GDP进行了取对数处理。行业层面的控制变量中主要包括了行业赫芬达尔指数（HHI_{kt}），该数值越大意味着行业竞争强度越大，较多文献已经探讨了市场竞争对企业全要素生产率的影响，证明市场竞争加剧会导致企业增加对研发的投入，最终导致生产率上升。

三 数据来源及处理

本章的实证研究主要用到以下两套数据库。第一套是国家统计局建立的中国工业企业数据库，国家统计局为精确掌握全国工业生产经营活动的基本情况，对规模以上工业法人企业制定了工业统计报表制度，进而根据联网直报方式得到的数据资料整合而成，该数据库的统计范围随着中国经济发展进行了调整，已经从起初主营业务收入500万元及以上的企业调整至如今主营业务收入2000万元及以上的企业，统计范围与《中国工业统计年鉴》和《中国统计年鉴》的工业部分保持一致，中国工业企业数据库主要包括了两类企业的信息数据：第一类是企业的基本信息数据，包括法人代码、行业类别、地址、注册类型等变量；第二类是企业的财务信息数据，包括资本金、固定资产、财务费用、工业中间投入等变量。第二套数据是对应年份的《中国统计年鉴》和《中国人口年鉴》，包括地区收入和地区人口的相关变量。

在此基础之上，本章对工业企业数据库进行了以下数据处理：第一，本章根据陈林（2018）的数据处理建议，对工业企业数据库进行异常值剔除处理，即剔除了关键指标前后各5%极端值、关键指标缺失、职工人数少于8人的样本数据；第二，根据鲁晓东和连玉君（2012）的计算方法，核算了企业层面的固定资产以及固定资产投资；第三，参考王贵东（2017）的数据处理方法，修复了企业的开业年份变量,并将所有年份两位数行业代码统一到 GB/T4754-2002 版本的两位数行业代码。在选择中国工业企业数据库的时间跨度时,发现在 2009 年的数据中识别企业身份信息的法人代码变量有大量缺失值,而且现有的绝大多数文献中均不建议使用 2010 年的数据计算企业的全要素生产率,所以本章为确保研究结论的准确性,进而选择中国工业企业数据库的时间跨度,即 2000—2008 年和 2011—2014 年,共 2484929 个观测值。表 5-1 汇报了主要变量的描述性统计结果。

表 5-1　　　　　　　　　描述性统计

变量	Obs	Mean	SD	Min	Median	Max
lntfp	2396913	6.10	1.03	-0.87	6.06	11.71
$theil$	2389771	0.10	0.04	0.02	0.09	0.33
ln$SIZE$	2396913	8.46	1.58	0.22	8.47	13.32
lnPCC	2396913	3.54	1.36	-6.45	3.59	11.01
lnAGE	2310813	1.84	0.88	0.00	1.95	6.03
lnCTO	2396913	-1.88	1.31	-12.35	-1.82	6.97
HHI	2396913	0.01	0.03	0.00	0.00	1.00
lnpop	2396913	8.64	0.55	5.55	8.73	9.28
ln$rgdp$	2396913	10.25	0.70	7.92	10.34	11.55

资料来源:根据相关年份《中国人口年鉴》、《中国统计年鉴》、中国工业企业数据库中的数据整理计算绘制。

第二节　基准回归结果及分析

一　初步经验分析

在进行基准回归之前,为对收入差距与生产率之间的关系进行初步探索,绘制了收入差距与企业全要素生产率的关系图,其中使用了国家层面的基尼系数,这主要是因为使用省级层面数据绘制的散点图较为密集,不利于观察两者的关系,具体见图 5-1。通过观察图形可知收入差距与企业全要素生产率之间存在明显的倒"U"形关系,当基尼系数小于 0.41 时，收入差距扩大会导致企业全要素生产率上升；而当基尼系数超过 0.41 时，收入差距扩大会导致企业全要素生产率下降，这为本章下文中的回归分析提供了研究思路。

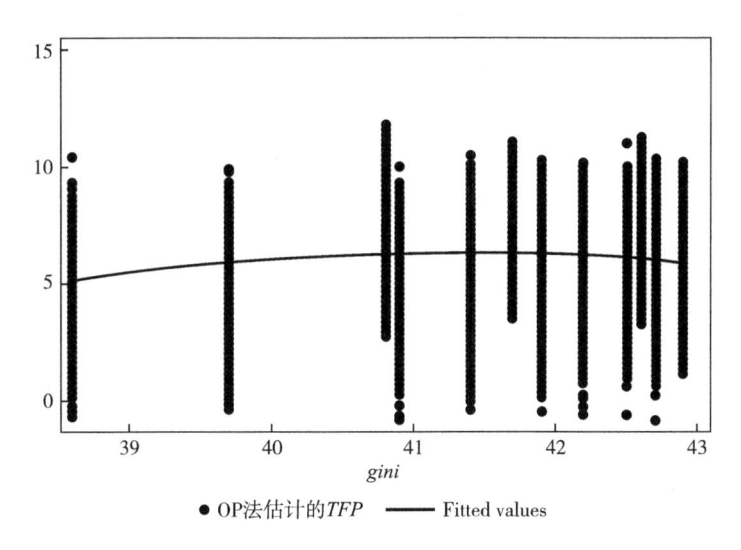

图 5-1　收入差距与企业全要素生产率的关系

资料来源：根据中国工业企业数据库计算的企业全要素生产率绘制。

二　基准回归分析

根据计量模型的设定，本章从经验分析的角度来分析收入差距与企业全要素生产率的关系，首先采用 OLS 方法进行回归分析，在初步考察收入差距对企业全要素生产率的影响之后，逐步加入反映企业特征的控制变量和省级层面的控制变量，然后在进行 OLS 回归的基础上逐步加入行业固定效应和省份固定效应，表 5-2 报告了不同的组合方式实现的基础回归结果。表 5-2 中列（1）显示，核心变量 $theil_{jt}$ 的回归系数为正且在 1% 的水平上显著，表明收入差距扩大会显著提高企业全要素生产率，主要原因是收入差距扩大会增大对工业制成品的需求规模，从而使企业实现规模经济并激发竞争效应，从而有利于企业全要素生产率的提升。

现有文献已经研究了收入差距与经济增长的关系，例如刘生龙（2009）、范亚舟和舒银燕（2013）等研究均发现收入差距对长期经济增长产生了先促进后抑制的倒"U"形影响，因为收入差距的过度扩大会给经济发展带来其他方面的负面影响。基于此，本章认为收入差距与企业全要素生产率之间不只呈现简单的线性关系，两者之间的线性关系明显不符合经济学逻辑，所以本章在计量模型中加入核心变量 $theil_{jt}$ 的平方项，然后利用 STATA 中的 Utest 命令检验了收入差距与企业全要素生产率之间是否存在倒"U"形关系，检验结果显示两者之间的确存在倒"U"形关系。这种倒"U"形关系的背后反映出的基本事实是，收入差距在一定范围内的适度扩大将导致该地区工业企业的全要素生产率上升，主要原因是地区的收入过度平均导致对必需品的需求规模增加，这将导致严重的资源误置，收入差距的扩大实际上导致对工业制成品的需求规模增加，工业企业通过由此产生的集聚效应和竞争效应而提高了全要素生产率；但是，如果收入差距超过合理区间且较大，此时收入差距的扩大将使企业全要素生产率下降，表明收入差距不可能导致无限制地扩大需求规模，而且收入差距不仅影响了需求结构，还有可能引发其他不利于经济发展的影响。

表5-2中列（3）是加入企业层面、省级层面与行业层面控制变量的回归结果，据此可知收入差距对企业全要素生产率的影响在统计上依然十分显著，而且回归系数的符号与此前未加控制变量的系数符号保持一致。表5-2中的列（4）和列（5）分别是控制行业固定效应及同时控制行业固定效应和省级固定效应的回归结果，据此可知收入差距对企业全要素生产率的回归系数符号与此前基本一致，而且收入差距与企业全要素生产率的确呈现倒"U"形关系，这也初步验证了回归结果的可靠性，但是收入差距对企业全要素生产率的回归系数小于不控制固定效应的回归系数，表明 OLS 回归方法扩大了收入差距对企业全要素生产率的影响。

表5-2　　　　　　　　　　基准回归结果

变量	(1)	(2)	(3)	(4)	(5)
	$\ln tfp_{ijkt}$	$\ln tfp_{ijkt}$	$\ln tfp_{ijkt}$	$\ln tfp_{ijkt}$	$\ln tfp_{ijkt}$
$theil_{jt}$	0.05***	13.42***	2.48***	2.44***	1.37***
	(0.00)	(0.04)	(0.01)	(0.01)	(0.01)

续表

变量	(1) $\ln tfp_{ijkt}$	(2) $\ln tfp_{ijkt}$	(3) $\ln tfp_{ijkt}$	(4) $\ln tfp_{ijkt}$	(5) $\ln tfp_{ijkt}$
$theil_{jt}^2$		-0.16***	-0.03***	-0.03***	-0.02***
		(0.00)	(0.00)	(0.00)	(0.00)
$\ln SIZE_{it}$			0.36***	0.36***	0.35***
			(0.00)	(0.00)	(0.00)
$\ln PCC_{it}$			0.36***	0.36***	0.36***
			(0.00)	(0.00)	(0.00)
$\ln AGE_{it}$			-0.00***	-0.00***	0.01***
			(0.00)	(0.00)	(0.00)
$\ln CTO_{it}$			-1.01***	-1.01***	-1.00***
			(0.00)	(0.00)	(0.00)
HHI_{kt}			0.84***	0.91***	0.23***
			(0.01)	(0.01)	(0.01)
$\ln pop_{jt}$			0.07***	0.08***	0.68***
			(0.00)	(0.00)	(0.00)
$\ln rgdp_{jt}$			0.28***	0.29***	0.37***
			(0.00)	(0.00)	(0.00)
常数项	4.20***	-270.62***	-53.21***	-52.50***	-36.06***
	(0.03)	(0.74)	(0.12)	(0.12)	(0.11)
行业固定效应				控制	控制
省份固定效应					控制
企业固定效应					控制
样本量	2396913	2396913	2108894	2108894	1883646
R^2	0.00	0.06	0.98	0.98	0.99

注：括号中的数字为 t 统计量，***表示在1%的水平上显著。

进一步观察各控制变量的回归系数，可知企业规模、企业资本劳动比的回归系数在1%的水平上显著为正，这是因为企业规模和资本劳动比的提高会使企业通过规模经济效应和技术进步效应提升生产率，这两个控制变量的回归结果与预期相符；企业年龄的回归系数相对较小，其在列（3）至列（4）中显著为负，而在列（5）中显著为正；固定资产占总资产比值的回归系数均在1%的水平上显著为负,而且回归系数均在1左右,表明固定资产占总资产比值每上升1%,企业全要素生产率下降1%,这进一步表明固定资产占总资产的比值不一定越高越有利于企业;赫芬达尔指数的回归系数在列(3)、列(4)与列(5)中回归系数为0.84、0.91与0.23,且均在1%的水平上显著,表明市场竞争更激烈的行业的企业具有更高的全要素生产率,与预期一致;人口规模和人均GDP作为影响需求规模和需求结构的关键指标,这两个变量在控制固定效应后的回归系数分别为0.68和0.37,且均在1%的水平上显著,表明人口和人均GDP每上升1%,工业企业的全要素生产率分别上升0.68%和0.37%,这也证明需求侧的确能够牵引供给侧。

第三节　内生性处理与稳健性检验

上文分别从全样本角度和异质性角度实证检验了收入差距对企业全要素生产率的影响,发现不管是否控制各层面的固定效应,还是是否计入控制变量,均未对回归结果造成较大的影响,证实了计量估计结果具有较高的可信度。但是,为了进一步检验回归结果的稳健性,本节分别通过改变解释变量和被解释变量测度、利用面板固定效应方法与剔除极端值,进行了内生性处理和稳健性检验。

一　内生性处理

本章主要研究收入差距对企业全要素生产率的影响,因此计算了省级层面的泰尔指数来表示收入差距,这使解释变量相对于被解释变量较为宏观,所以不可能存在反向因果导致的内生性问题。除反向因果导致的内生性问题外,遗漏变量同样会导致内生性问题,本部分使用面板固定效应模型,从而尽可能地解决内生性问题。

表5-3报告了使用面板固定效应模型的回归结果,列(1)的估计结果显示两者之间确实存在倒"U"形关系,列(2)至列(4)分别是依次控制产业固定效应、省份固定效应和企业固定效应的回归结果,对应回归结果的拟合优度已经有较大程度的提升,而且其他控制变量的系数方向与此前的回归结果一致,这进一步验证了此前的研究结论。

表 5-3　　　　　内生性处理结果：使用面板固定效应模型

变量	(1) $\ln tfp_{ijkt}$	(2) $\ln tfp_{ijkt}$	(3) $\ln tfp_{ijkt}$	(4) $\ln tfp_{ijkt}$
$theil_{jt}$	7.05*** (0.03)	1.37*** (0.00)	1.39*** (0.00)	1.37*** (0.00)
$theil_{jt}^2$	-0.09*** (0.00)	-0.02*** (0.00)	-0.02*** (0.00)	-0.02*** (0.00)
$\ln SIZE_{it}$		0.35*** (0.00)	0.35*** (0.00)	0.35*** (0.00)
$\ln PCC_{it}$		0.36*** (0.00)	0.36*** (0.00)	0.36*** (0.00)
$\ln AGE_{it}$		-0.01*** (0.00)	-0.01*** (0.00)	-0.01*** (0.00)
$\ln CTO_{it}$		-0.99*** (0.00)	-0.99*** (0.00)	-1.00*** (0.00)
HHI_{kt}		0.38*** (0.03)	0.46*** (0.03)	0.23*** (0.01)
$\ln pop_{jt}$		0.48*** (0.01)	0.49*** (0.01)	0.68*** (0.00)
$\ln rgdp_{jt}$		0.38*** (0.00)	0.38*** (0.00)	0.37*** (0.00)
常数项	-138.21*** (0.61)	-34.46*** (0.11)	-34.80*** (0.11)	-35.49*** (0.09)
行业固定效应			控制	控制
省级固定效应				控制
企业固定效应	控制	控制	控制	控制
企业数量	744360	693028	693028	693028
样本量	2396912	2108893	2108893	2108893
R^2	0.04	0.97	0.97	0.97

注：括号中的数字为 t 统计量，***表示在1%的水平上显著。

二 稳健性检验

（一）剔除被解释变量前后1%的极端值

为防止被解释变量中存在极端值导致产生回归误差,本章剔除了被解释变量前后1%的极端值,实证检验了收入差距对企业全要素生产率的影响。表5-4报告了被解释变量前后1%极端值的回归结果,收入差距变量和其平方项在全部四列回归结果中均较为显著,而且显示出收入差距与企业生产率确实存在倒"U"形关系；赫芬达尔指数在列（2）和列（3）中的回归系数分别为0.41和0.49,此数值明显低于全样本的回归结果,表明极端异常值确实扩大了影响,但异常值的存在并未使回归结果出现较大的偏差；其他回归系数基本与此前的基准回归一致,剔除异常值并未改变回归结果。

表5-4 稳健性检验结果：剔除被解释变量前后1%的极端值

变量	(1) $\ln tfp_{ijkt}$	(2) $\ln tfp_{ijkt}$	(3) $\ln tfp_{ijkt}$	(4) $\ln tfp_{ijkt}$
$theil_{jt}$	6.77*** (0.03)	1.39*** (0.00)	1.41*** (0.00)	1.39*** (0.00)
$theil_{jt}^2$	-0.08*** (0.00)	-0.02*** (0.00)	-0.02*** (0.00)	-0.02*** (0.00)
$\ln SIZE_{it}$		0.34*** (0.00)	0.34*** (0.00)	0.34*** (0.00)
$\ln PCC_{it}$		0.36*** (0.00)	0.36*** (0.00)	0.36*** (0.00)
$\ln AGE_{it}$		-0.01*** (0.00)	-0.01*** (0.00)	-0.01*** (0.00)
$\ln CTO_{it}$		-0.99*** (0.00)	-0.99*** (0.00)	-0.99*** (0.00)
HHI_{kt}		0.41*** (0.03)	0.49*** (0.03)	0.25*** (0.01)
$\ln pop_{jt}$		0.48*** (0.01)	0.49*** (0.01)	0.68*** (0.00)

续表

变量	(1) $\ln tfp_{ijkt}$	(2) $\ln tfp_{ijkt}$	(3) $\ln tfp_{ijkt}$	(4) $\ln tfp_{ijkt}$
$\ln rgdp_{jt}$		0.38***	0.38***	0.37***
		(0.00)	(0.00)	(0.00)
常数项	-132.53***	-34.93***	-35.27***	-35.96***
	(0.58)	(0.11)	(0.11)	(0.09)
行业固定效应			控制	控制
省份固定效应				控制
企业固定效应	控制	控制	控制	控制
企业数量	732201	682272	682272	682272
样本量	2348974	2067703	2067703	2067703
R^2	0.04	0.97	0.97	0.97

注：括号中的数字为 t 统计量，***表示在1%的水平上显著。

（二）改变收入差距的度量方式

上文的研究均使用各省份的泰尔指数作为核心解释变量进行了回归分析，为降低由变量测度造成的估计偏差，本部分将各省份滞后一期的泰尔指数进行了替换研究。表5-5报告了具体的回归结果，所有列中的泰尔指数及其平方项均在1%的水平上显著，其中基尼系数平方项的回归系数符号为负。总而言之，使用滞后一期基尼系数的回归结果与此前的回归结果基本一致且相对显著，再次表明本章的回归结果具有较好的稳健性。

表5-5　　　　稳健性检验结果：改变收入差距的度量方式

变量	(1) $\ln tfp_{ijkt}$	(2) $\ln tfp_{ijkt}$	(3) $\ln tfp_{ijkt}$	(4) $\ln tfp_{ijkt}$
$theil_{jt-1}$	2.97***	0.46***	0.48***	0.47***
	(0.04)	(0.01)	(0.01)	(0.01)
$theil_{jt-1}^2$	-0.04***	-0.01***	-0.01***	-0.01***
	(0.00)	(0.00)	(0.00)	(0.00)

续表

变量	(1) $\ln tfp_{ijkt}$	(2) $\ln tfp_{ijkt}$	(3) $\ln tfp_{ijkt}$	(4) $\ln tfp_{ijkt}$
$\ln SIZE_{it}$		0.34*** (0.00)	0.34*** (0.00)	0.34*** (0.00)
$\ln PCC_{it}$		0.36*** (0.00)	0.36*** (0.00)	0.37*** (0.00)
$\ln AGE_{it}$		0.00*** (0.00)	0.00*** (0.00)	0.00 (0.00)
$\ln CTO_{it}$		-0.99*** (0.00)	-0.99*** (0.00)	-0.99*** (0.00)
HHI_{kt}		-0.02*** (0.00)	-0.02*** (0.00)	-0.02*** (0.00)
$\ln pop_{jt}$		0.82*** (0.07)	0.88*** (0.07)	0.54*** (0.03)
$\ln rgdp_{jt}$		0.55*** (0.02)	0.55*** (0.02)	0.80*** (0.01)
常数项		0.44*** (0.00)	0.44*** (0.00)	0.43*** (0.00)
行业固定效应			控制	控制
省级固定效应				控制
企业固定效应	控制	控制	控制	控制
企业数量	441324	432800	432800	432800
样本量	1191750	1112575	1112575	1112575
R^2	0.02	0.97	0.97	0.97

注：括号中的数字为 t 统计量，***表示在1%的水平上显著。

第四节 进一步回归分析

改革开放以来，中国的经济发展迅速，已经成为世界第二大经济体。但是，中国面临多方面的发展不平衡问题，其中主要包括地区发展不平衡、产业发展不平衡等，导致发展不平衡产生的原因较多，其中不仅包括自然原因和历史原因，而且包括政策原因和制度原因，正因这些方面存在发展不平衡的问题，经济学研究尤其要进行分地区、分行业与分企业类别的异质性检验，这一方面可以丰富研究结论，另一方面有助于得到更科学可信的研究结论。基于此，本章在研究收入差距对企业全要素生产率的影响时，分地区、分行业和分企业类别进行了异质性分析。

一　分地区回归分析

本章将中国31个省份（港澳台地区除外）分别划分为东部地区、中部地区和西部地区，其中东部地区主要包括辽宁省、吉林省、黑龙江省、北京市、天津市、河北省、上海市、江苏省、浙江省、山东省、福建省、广东省和海南省，中部地区包括山西省、安徽省、江西省、河南省、湖北省和湖南省，西部地区主要包括内蒙古自治区、广西壮族自治区、重庆市、四川省、贵州省、云南省、陕西省、甘肃省、青海省、宁夏回族自治区与新疆维吾尔自治区。另外，由于西藏自治区数据缺失，本章未对其进行研究。

在对地区进行划分之后，使用设定的计量模型进行回归分析，在模型中同时加入所有层面的控制变量并控制固定效应，表5-6便是基于不同地区样本的回归结果。通过观察表5-6的回归结果发现，主要核心解释变量$theil_{jt}$与$theil_{jt}^2$在三个地区中的系数符号与基准回归结果一致且在1%的水平上显著，并且东部地区平方项的系数并不大，东部地区和中部地区的平方项系数明显大于西部地区的平方项系数，表明收入差距对分地区的企业全要素生产率未产生明显的异质性的影响；企业层面的四个控制变量在三个地区的影响基本上相同；赫芬达尔指数在东部地区、中部地区和西部地区的回归系数分别为0.89、0.06与-0.02，且只有东部地区和中部地区分别在1%和5%水平上显著，表明在经济发展水平高的地区行业竞争更能促进企业的全要素生产率提升，而作为经济发展落后的西部地区产生了截然相反的结果；人口规模在东部地区、中部地区与西部地区的回归系数分别为0.75、0.07与-0.37，且分别在1%、5%与1%的水平上显著，表明东部地区的企业相较中部地区和西部地区的企业更易受市场需求规模影响；人均GDP在东部地区、中部地区与西部地区的回归系数分别为0.36、0.37、0.38,且所有回归系数均在1%的水平上显著,这主要是因为人均国内生产总值的提高更大程度地提高了西部地区工业制成品的需求份额,因此该区域的企业通过规模经济使生产率有更多提升。

表5-6　　　　　　　　　进一步回归结果:分地区

变量	(1) 东部地区 $\ln tfp_{ijkt}$	(2) 中部地区 $\ln tfp_{ijkt}$	(3) 西部地区 $\ln tfp_{ijkt}$
$theil_{jt}$	1.44***	1.20***	1.17***
	(0.00)	(0.01)	(0.01)
$theil_{jt}^2$	-0.02***	-0.02***	-0.01***
	(0.00)	(0.00)	(0.00)
$\ln SIZE_{it}$	0.34***	0.35***	0.36***
	(0.00)	(0.00)	(0.00)
$\ln PCC_{it}$	0.36***	0.35***	0.35***
	(0.00)	(0.00)	(0.00)
$\ln AGE_{it}$	-0.01***	-0.01***	-0.02***
	(0.00)	(0.00)	(0.00)
$\ln CTO_{it}$	-0.99***	-1.00***	-1.00***
	(0.00)	(0.00)	(0.00)
HHI_{kt}	0.89***	0.06**	-0.02
	(0.04)	(0.03)	(0.02)
$\ln pop_{jt}$	0.75***	0.07**	-0.37***
	(0.00)	(0.03)	(0.03)
$\ln rgdp_{jt}$	0.36***	0.37***	0.38***
	(0.00)	(0.00)	(0.00)
常数项	-37.19***	-27.37***	-23.42***
	(0.10)	(0.27)	(0.33)
行业固定效应	控制	控制	控制
省级固定效应	控制	控制	控制
企业固定效应	控制	控制	控制

续表

变量	(1) 东部地区 $\ln tfp_{ijkt}$	(2) 中部地区 $\ln tfp_{ijkt}$	(3) 西部地区 $\ln tfp_{ijkt}$
企业数量	505195	122636	65472
样本量	1608801	314654	185294
R^2	0.97	0.98	0.98

注：括号中的数字为 t 统计量，**、***分别表示在5%和1%的水平上显著。

二 分行业回归分析

为探索收入差距对不同行业企业生产率的异质性影响，本部分根据对外经济贸易大学全球价值链研究院提供的行业上游度数据，再次对数据求取了平均值，然后将行业平均上游度指数高于中位数的行业定义为上游行业，将行业平均上游度指数低于中位数的行业定义为下游行业，进而探索收入差距对价值链上下游行业的企业全要素生产率的影响。另外，由于每个行业的要素密集度存在差异，本部分进一步参考OECD按照技术划分产品的标准与黄先海（2006）的划分方法，将全国36个工业类别划分为劳动密集型、资本密集型与技术密集型行业，进而探讨了收入差距对不同要素密集型行业企业全要素生产率的影响，按要素密集度划分的产业分类如表5-7所示。

表5-7　　　　　　　　　按照要素密集度划分的产业分类

要素密集度	产业类型
劳动密集型	食品制造及加工业，饮料制造业，烟草加工业，纺织业，服装及其他纤维制品制造业，皮革、毛皮、羽绒及其制造业，木材加工及竹、藤、棕、草制品
资本密集型	家具制造业，造纸及纸制品业，印刷业和记录媒介的复制，石油加工及炼焦业，化学纤维制造业，橡胶制品业，塑料制品业，非金属矿物制品业，文教体育用品制造业，黑色金属冶炼及压延加工业，有色金属冶炼及压延加工业，金属制品业
技术密集型	化学原料及化学制品制造业，医药制造业，普通机械制造业，专用设备制造业，交通运输设备制造业，电气机械及器材制造业，电子及通信设备制造业，其他制造业，仪器仪表及文化、办公用机械制造业

表 5-8 中列 (1) 至列 (3) 报告了不同要素密集型行业的异质性回归结果。从中可以看出，核心解释变量 $theil_{jt}$ 与 $theil_{jt}^2$ 在所有按要素密集度划分行业分类中的回归系数均在 1% 的水平上显著，而且它们之间的差距不大，其中收入差距平方项的回归系数均为 -0.02，这体现出收入差距并未对分行业类别的企业生产率产生异质性影响，进一步表明收入差距对所有行业的企业生产率产生了倒 "U" 形影响，当收入差距处于一定范围区间内，收入差距的扩大会促进全行业的企业生产率上升，收入差距的过度扩大会导致全行业的企业生产率下降，但针对每个行业的拐点不同。

另外，表 5-8 中各层面控制变量的回归结果显示，企业规模、资本劳动比的回归系数均在 1% 的水平上显著为正，企业规模变量的回归系数在技术密集型和资本密集型行业中较劳动密集型行业更大，这主要是资本密集型行业和技术密集型行业更容易实现规模经济，而且资本劳动比的回归系数在劳动密集型中的回归系数大于资本密集型行业和技术密集型行业的回归系数，这主要是劳动密集型行业中的资本劳动比较低，适度增加资本劳动比会使此类行业的生产率明显上升，而资本密集型行业和技术密集型行业中的资本劳动比已经相对较高，从而使资本劳动比对这两个行业生产率的边际作用更小；企业年龄与固定资产占比的回归系数的符号与基准回归结果中的一致，而且各行业并未产生异质性影响；赫芬达尔指数在劳动密集型行业、资本密集型行业和技术密集型行业中的回归系数分别为 0.33、0.25 与 0.27，且在 1% 的水平上显著，表明劳动密集型行业较资本密集型行业和技术密集型行业更具竞争效应。人口规模与人均 GDP 的回归系数在三类行业中均在 1% 的水平上显著为正，并且技术密集型行业的系数大于资本密集型行业和劳动密集型行业的系数，表明需求规模和需求结构对技术密集型行业的影响大于对资本密集型行业和劳动密集型行业的影响，这与预期结果一致，劳动密集型行业可被认为是生产必需品或者同质产品的行业，所以需求对这类行业的影响并不明显。

表 5-8 中列 (4) 和列 (5) 报告了对价值链上下游行业的异质性回归结果，核心变量和企业层面的控制变量的影响作用基本与分要素密集型行业中的回归结果一致，只有在赫芬达尔指数、人口规模以及人均

GDP方面具有较大的差别。赫芬达尔指数在价值链上游行业和价值链下游行业的回归系数分别为0.14和0.40，表明市场竞争使价值链下游行业的全要素生产率提升得更多；人口规模对价值链上游行业的影响大于对价值链下游行业的影响。

表5-8　　　　　　　　进一步回归结果：分行业

变量	(1) 劳动密集型 $\ln tfp_{ijkt}$	(2) 资本密集型 $\ln tfp_{ijkt}$	(3) 技术密集型 $\ln tfp_{ijkt}$	(4) 价值链上游 $\ln tfp_{ijkt}$	(5) 价值链下游 $\ln tfp_{ijkt}$
$theil_{jt}$	1.32*** (0.01)	1.38*** (0.01)	1.36*** (0.01)	1.44*** (0.01)	1.34*** (0.01)
$theil_{jt}^2$	-0.02*** (0.00)	-0.02*** (0.00)	-0.02*** (0.00)	-0.02*** (0.00)	-0.02*** (0.00)
$\ln SIZE_{it}$	0.34*** (0.00)	0.35*** (0.00)	0.35*** (0.00)	0.35*** (0.00)	0.34*** (0.00)
$\ln PCC_{it}$	0.37*** (0.00)	0.36*** (0.00)	0.35*** (0.00)	0.35*** (0.00)	0.37*** (0.00)
$\ln AGE_{it}$	-0.01*** (0.00)	-0.01*** (0.00)	-0.01*** (0.00)	-0.01*** (0.00)	-0.00*** (0.00)
$\ln CTO_{it}$	-1.00*** (0.00)	-1.00*** (0.00)	-0.99*** (0.00)	-0.99*** (0.00)	-1.00*** (0.00)
HHI_{kt}	0.33*** (0.03)	0.25*** (0.02)	0.27*** (0.02)	0.14*** (0.02)	0.40*** (0.02)
$\ln pop_{jt}$	0.71*** (0.01)	0.67*** (0.01)	0.70*** (0.01)	0.67*** (0.01)	0.64*** (0.01)
$\ln rgdp_{jt}$	0.39*** (0.00)	0.35*** (0.00)	0.37*** (0.00)	0.36*** (0.00)	0.38*** (0.00)
常数项	-34.76*** (0.18)	-35.64*** (0.16)	-35.36*** (0.14)	-36.72*** (0.12)	-34.56*** (0.15)
行业固定效应	控制	控制	控制	控制	控制
省级固定效应	控制	控制	控制	控制	控制
企业固定效应	控制	控制	控制	控制	控制

续表

变量	(1) 劳动密集型 $\ln tfp_{ijkt}$	(2) 资本密集型 $\ln tfp_{ijkt}$	(3) 技术密集型 $\ln tfp_{ijkt}$	(4) 价值链上游 $\ln tfp_{ijkt}$	(5) 价值链下游 $\ln tfp_{ijkt}$
企业数量	198323	232630	290177	464569	328615
样本量	574245	653409	881239	1256540	852353
R^2	0.97	0.97	0.97	0.97	0.97

注：括号中的数字为 t 统计量，*** 表示在1%的水平上显著。

三 分企业类别回归分析

不同性质或者特征的企业之间通常存在较大的差异，为探索收入差距对不同企业类别的生产率的影响，本部分根据数据库中涉及企业所有制结构的变量，以及杨汝岱（2015）的方法将企业划分为国有企业、民营企业以及外资企业，其中将登记注册类型为110、141、143、151的企业定义为国有企业，将登记注册类型为200、210、220、230、240、300、310、320、330、340的企业定义为外资企业，将国有企业和外资企业之外的其他企业定义为民营企业。需要指出的是，本文并没有单独讨论集体企业，而是直接将其划归民营企业。另外，本部分根据企业的固定资产总值来衡量企业规模，将大于中位数的企业定义为大型企业，将小于中位数的企业定义为小型企业，其中使用中位数是为了避免可能的极值对分类造成影响。

表5-9中列（1）至列（3）报告了根据所有制划分的回归结果。$theil_{jl}^2$ 在民营企业和外资企业中的系数均为-0.02且在1%的水平上显著，而在国有企业中的系数为-0.00，收入差距与国有企业的全要素生产率并不存在倒"U"形关系。企业层面的控制变量与此前的回归基本保持一致，在此不再赘述；赫芬达尔指数在国有企业、民营企业与外资企业样本中的回归系数分别为-0.02、0.26与0.58，只有民营企业和外资企业在1%的水平上显著，列（1）的回归系数意味着行业竞争强度上升并不利于国有企业生产率的提高；人均规模和人均GDP对全要素生产率影响较大的企业类别依次分别是外资企业、民营企业与国有企业，这进一步表明外资企业更受所处地区需求规模和需求结构的影响。

列（4）和列（5）报告了不同企业规模的异质性回归结果，发现大型企业的平方项系数大于小型企业，表明两类行业的拐点存在差异；赫芬达尔指数在大型企业和小型企业中的回归系数分别为0.19和0.31，表明行业竞争强度对小型企业的生产率影响更大。

表 5-9　　　　　　　　进一步回归结果：分企业类别

变量	（1）国有企业 $\ln tfp_{ijkt}$	（2）民营企业 $\ln tfp_{ijkt}$	（3）外资企业 $\ln tfp_{ijkt}$	（4）大型企业 $\ln tfp_{ijkt}$	（5）小型企业 $\ln tfp_{ijkt}$
$theil_{jt}$	0.15*** (0.02)	1.42*** (0.00)	1.55*** (0.01)	1.42*** (0.01)	1.17*** (0.01)
$theil_{jt}^2$	-0.00*** (0.00)	-0.02*** (0.00)	-0.02*** (0.00)	-0.02*** (0.00)	-0.01*** (0.00)
$\ln SIZE_{it}$	0.35*** (0.00)	0.35*** (0.00)	0.33*** (0.00)	0.34*** (0.00)	0.38*** (0.00)
$\ln PCC_{it}$	0.34*** (0.00)	0.35*** (0.00)	0.38*** (0.00)	0.37*** (0.00)	0.34*** (0.00)
$\ln AGE_{it}$	-0.03*** (0.00)	-0.01*** (0.00)	0.00*** (0.00)	-0.01*** (0.00)	-0.00*** (0.00)
$\ln CTO_{it}$	-0.99*** (0.00)	-1.00*** (0.00)	-1.00*** (0.00)	-0.99*** (0.00)	-1.00*** (0.00)
HHI_{kt}	-0.02 (0.03)	0.26*** (0.02)	0.58*** (0.04)	0.19*** (0.02)	0.31*** (0.02)
$\ln pop_{jt}$	0.56*** (0.02)	0.69*** (0.01)	0.73*** (0.01)	0.68*** (0.01)	0.68*** (0.01)
$\ln rgdp_{jt}$	0.34*** (0.00)	0.35*** (0.00)	0.37*** (0.00)	0.38*** (0.00)	0.33*** (0.00)
常数项	-9.93*** (0.33)	-36.49*** (0.11)	-39.17*** (0.18)	-36.41*** (0.12)	-31.37*** (0.15)
行业固定效应	控制	控制	控制	控制	控制
省级固定效应	控制	控制	控制	控制	控制
企业固定效应	控制	控制	控制	控制	控制

续表

变量	(1) 国有企业 $\ln tfp_{ijkt}$	(2) 民营企业 $\ln tfp_{ijkt}$	(3) 外资企业 $\ln tfp_{ijkt}$	(4) 大型企业 $\ln tfp_{ijkt}$	(5) 小型企业 $\ln tfp_{ijkt}$
企业数量	92324	533171	119105	362350	460300
样本量	186423	1481667	440803	1057780	1051113
R^2	0.97	0.98	0.96	0.97	0.97

注：括号中的数字为 t 统计量，***表示在1%的水平上显著。

第五节　本章小结

改革开放以来，中国企业的全要素生产率伴随经济发展同步提升，截至2021年的较多文献研究了政策出台和供给侧因素对企业全要素生产率的影响，从需求侧研究企业全要素生产率的文献相对缺乏。本书第四章已经实证分析了一国国内收入差距对其比较优势的影响，研究发现收入差距扩大会导致技术密集型行业的比较优势提升，而且两者之间存在倒"U"形关系，企业作为产业的微观主体，有必要进一步探索收入差距是否通过影响需求结构从而影响企业的全要素生产率。本章利用2000—2014年的中国工业企业数据库数据和计算得到的收入差距数据，实证考察了中国收入差距对制造业企业全要素生产率的影响，本章的研究结论如下。

第一，从全样本数据上证实了第二章的理论假说4。收入差距对企业全要素生产率的回归系数为正且在1%的水平上显著，表明收入差距扩大将会导致企业全要素生产率显著提升，进一步加入平方项后的回归结果表明中国收入差距与制造业企业全要素生产率之间的确存在倒"U"形关系，并且在加入企业层面、省级层面与行业层面控制变量后的回归结果依然十分显著。此外，人口规模和人均GDP作为影响需求规模和需求结构的关键指标，在控制固定效应后的回归系数分别为0.68和0.37，且均在1%的水平上显著，这再次验证了需求侧对企业生产率提升的重要性。

第二，为了进一步检验回归结果的稳健性，本章分别通过改变解释变量和被解释变量测度与剔除极端方法，进一步对企业的全要素生产率进行了回归分析。回归结果均显示中国收入差距与企业全要素生产率之间存在明显的倒"U"形关系，而且其他相关的控制变量在统计上较为显著，且回归系数的符号符合预期并和基准回归保持一致，再次验证了本章回归结果的可靠性。

第三，按不同方式划分样本的回归结果得到如下结论。首先，在分地区进行讨论时，研究发现三个地区中的回归系数符号与基准回归结果一致且在1%的水平上显著，东部地区和中部地区的平方项系数明显大于西部地区的平方项系数。其次，在分行业进行讨论时，研究发现收入差距平方项在不同要素密集型行业的回归系数均为-0.02，这体现出收入差距未对分行业样本的企业生产率产生异质性影响，但针对每个行业的拐点不同，人口规模与人均 GDP 在技术密集型行业的回归系数大于资本密集型行业和劳动密集型行业的系数，表明需求规模和需求结构对技术密集型行业的影响大于对资本密集型行业和劳动密集型行业的影响。最后，在分企业类别进行讨论时，研究发现收入差距与民营企业和外资企业的全要素生产率之间存在倒"U"形关系，而收入差距与国有企业的全要素生产率之间不存在倒"U"形关系。

第六章　目的国收入差距对企业出口行为的影响：中国经验

改革开放四十多年，中国进出口贸易规模得到了迅速扩张发展，一跃成为世界第一大出口国。然而，近年来贸易保护主义抬头，加之新冠疫情暴发，导致中国企业面临较以往更大的出口风险。在这种情形下，稳定企业出口要两手抓，一方面企业应积极利用国内需求培育比较优势并提升核心国际竞争力，另一方面要积极探索国外需求，充分利用国内需求和国外需求将有利于企业的出口行为。

企业的出口状态并不是一成不变的，Eaton（2008）利用哥伦比亚的微观数据，通过研究发现50%的出口企业为进入者。企业虽然新进入了出口国市场，但大部分均可能在未来某一时期退出目的国市场，企业出口进入目的国市场是由自身条件和外部条件共同决定的。现有的文献从贸易自由化、政策不确定性等外部条件分析了对企业出口行为的影响，例如吴功亮等（2020）实证分析了汇率变动、融资约束对企业出口行为的影响，发现人民币汇率升值导致中国多产品企业出口价格、出口数量以及出口产品的种类显著减少，而且企业融资状况的改善会有效降低汇率波动风险。也有部分学者沿着Melitz（2003）的研究框架研究了企业自身条件对其出口行为的影响，例如尹雯婧（2018）利用2000—2007年的微观数据实证检验了全要素生产率对企业出口行为的影响，发现全要素生产率对企业出口行为的影响显著为正，即全要素生产率越高的企业进行出口活动的可能性越高。此外，有必要对需求侧方面的影响进行研究，因为较大国外的需求规模可以让出口企业通过规模经济降低生产成本，且在本书前几章已经发现收入差距与需求结构及规模之间存在一定关系。

首先,本章以目的国收入差距影响其需求结构和需求规模为切入点,利用2001—2006年的中国微观数据,实证分析了目的国收入差距对中国制造业企业出口行为的影响,主要包括对出口进入率、出口退出率、平均出口持续存在时间等方面的考察;其次,为考察目的国收入差距对中国企业出口行为的非线性影响,本章在计量模型中加入平方项后进行了回归分析;最后,对分区域样本进行了回归分析,观察其各项结果是否存在异质性。

第一节 计量模型、变量选取与数据来源

一 计量模型的设定

本书第二章的式(2-70)与式(2-71)直观地显示了目的国收入差距扩大会导致对制造业产品的总需求规模扩大,进而降低出口国企业的出口临界生产率,企业出口产品到收入差距较大的目的国将具有更低的退出率、更高的存活率。接下来,本节将利用计量模型和中国出口企业的微观数据检验理论假说5,考察收入差距对企业出口行为的影响,设定的计量模型如下所示。

$$behavior_{it} = \alpha + \beta_1 gini_{it} + \beta_2 gini_{it}^2 + \beta_3 X_{it} + \delta_{it} \tag{6-1}$$

式中:i 为中国的出口目的国;t 为年份;$behavior_{it}$ 为中国企业的出口行为;$gini_{it}$ 为出口目的国的收入差距;$gini_{it}^2$ 为出口目的国收入差距程度的平方项;X_{it} 为国家层面的控制变量,包括出口目的国的人口数量、人均GDP,中国与出口目的国之间的贸易自由化程度、距离、语言等,目的国是否为WTO成员;δ_{it} 是随机误差项。

企业的行为分为新进入、退出和持续存在。据此,计量模型可分为

$$New_{it} = \alpha + \beta_1 gini_{it} + \beta_2 gini_{it}^2 + \beta_3 X_{it} + \delta_{it} \tag{6-2}$$

$$Exit_{it} = \alpha + \beta_1 gini_{it} + \beta_2 gini_{it}^2 + \beta_3 X_{it} + \delta_{it} \tag{6-3}$$

$$Continue_{it} = \alpha + \beta_1 gini_{it} + \beta_2 gini_{it}^2 + \beta_3 X_{it} + \delta_{it} \tag{6-4}$$

为进一步分析目的国收入差距对中国企业出口持续度的影响,本章以企业平均出口持续存在时间为因变量,构建如下计量模型。

$$ContinueTime_{it} = \alpha + \beta_1 gini_{it} + \beta_2 gini_{it}^2 + \beta_3 X_{it} + \delta_{it} \tag{6-5}$$

式中：New_{it}、$Exit_{it}$、$Continue_{it}$ 和 $ContinueTime_{it}$ 分别为中国在目的国市场上的出口新进入率、出口退出率、出口持续存在率和平均出口持续存在时间。

二　变量选取及测度

1. 因变量

本章的因变量主要包括企业出口新进入率（New_{it}）、出口退出率（$Exit_{it}$）、出口持续存在率（$Continue_{it}$）和平均出口持续存在时间（$ContinueTime_{it}$）。为保持因变量和自变量的度量在同一维度，本章的因变量是中国在目的国市场上的出口新进入率、出口退出率、出口持续存在率和平均出口持续存在时间。

2. 核心自变量

本章的核心自变量是出口目的国的收入差距（$gini_{it}$）及其平方项（$gini_{it}^2$），以出口目的国的基尼系数来衡量。在基准回归部分，本章以出口目的国税前的基尼系数（$gini\_disp$）来衡量，在稳健性检验中，本章以出口目的国税后的基尼系数（$gini\_mkt$）衡量。在计量模型中，本章加入基尼系数的平方项，以分析收入差距对企业出口行为的影响是呈"U"形还是倒"U"形，以期更加精准地判断二者之间的关系。

3. 控制变量

本章主要考虑影响因素：①人均国内生产总值（$lnrgdp_{it}$），通常学术界用每个国家的国内生产总值来衡量人均收入，采取对数形式。②人口规模（$lnpop_{it}$），采取对数形式，本章以各国每年的人口数量来衡量人口规模，一个国家的人口规模通常被视为反映需求规模的重要指标，所以本章需要控制人口规模对企业出口行为的影响。③贸易自由化程度（$lnwtariff_{it}$），为避免出现负数，将实际关税加1后再采取对数形式。贸易自由化程度根据各国的加权关税来进行度量，一国的关税高意味着贸易自由化程度较低，出口国的企业进入较多、退出较少、持续存在率较高、持续时间较长。④地理距离（$lndistw_{it}$），采取对数形式。出口国和进口国之间的地理距离越近，两国之间贸易的运输成本越低，越有利于两国之间的贸易，企业进入越多、退出越少、持续存在率越高、持续时间越长。⑤是否同属 WTO 成员（wto_{jt}）为虚拟变量，$wto=1$ 表示同属 WTO 成员，否则不是。中国是 WTO 成员，在 WTO 框架下，中国与出口目的国之间不仅具有关税优惠，还存在其他贸易合作，因而出口目的国是否为 WTO 成员也将影响中国企业的出口行为。

三　数据来源及处理

本章的实证研究主要使用了以下三套数据库。第一套数据库是中国海关数据库，包含了 2000—2006 年中国企业层面的进出口数据，本章主要利用其中相关数据计算了中国出口目的国层面的企业新进入率、退出率、持续存在率和出口持续存在时间。第二套数据库是世界银行数据库（World Bank Database），该数据库提供了各国在经济领域、教育领域、人口统计等方面的统计数据，以及国家之间的关税数据，本章主要从中获得了人均国内生产总值、人口数量、中国和出口目的国之间的关税数据，以及是否为 WTO 成员。第三套数据库是标准化收入不平等数据库（SWIID），该数据库能够提供 1960 年至今 199 个国家的基尼系数。此外，通过初步核查所有变量空缺情况，确定分析样本期为 2001—2006 年。表 6-1 汇报了主要变量的描述性统计结果。

表 6-1　　　　　　　　　　描述性统计

变量	变量解释	Obs	Mean	SD	Min	Median	Max
$ContinueTime_{it}$	平均出口持续存在时间	1379	1.69	0.55	1.00	1.58	4.52
$Continue_{it}$	出口持续存在率	1391	0.00	0.01	0.00	0.12	0.20
$Exit_{it}$	出口退出率	1391	0.01	0.06	0.00	0.03	1.00
New_{it}	出口新进入率	1391	0.01	0.08	0.00	0.14	1.00
$gini\_disp$	税前基尼系数	913	39.78	8.08	22.70	40.70	66.10
$gini\_mkt$	税后基尼系数	913	46.21	5.96	23.50	46.20	70
$lnpop$	人口数量	4730	15.95	3.04	9.14	15.96	22.71
$lnrgdp$	人均 GDP	4259	8.94	1.19	5.98	8.990	11.95

续表

变量	变量解释	Obs	Mean	SD	Min	Median	Max
ln*wtariff*	加权关税	2728	1.84	0.71	0.00	1.85	6.05
ln*distw*	地理距离	3600	9.01	0.55	6.93	9.06	9.86
wto	是否为WTO成员	3600	0.56	0.50	0	1	1

资料来源：根据历年中国海关数据库、标准化收入不平等数据库（SWIID）和世界银行数据库（World Bank Databse）相关数据整理计算绘制。

第二节 基准回归结果及分析

一 初步经验分析

表6-2报告了中国企业在目的国市场上的出口新进入率、出口退出率、出口持续存在率和平均出口持续存在时间与收入差距、人均GDP、人口规模、关税、地理距离和是否为WTO成员虚拟变量等变量之间的相关性系数。首先，出口目的国市场上中国企业的出口新进入率、出口持续存在率和平均出口持续存在时间都与出口目的国的收入差距、人口规模、人均GDP、WTO虚拟变量呈正相关，且在10%水平上显著。这表明，出口目的国属于WTO成员，且收入差距越大、人口规模越大、人均GDP越高，则其在该国市场上的中国企业新进入率和持续存在率越高、持续存在的时间越长。其次，出口目的国市场上中国企业的出口新进入率、出口持续存在率和平均出口持续存在时间都与关税、地理距离呈负相关，且均在10%水平上显著。这表明，中国与出口目的国之间关税水平越高、地理距离越远，中国企业在该市场上的出口新进入率、出口持续存在率就越低，且平均出口持续存在时间就越短。最后，出口目的国市场上中国企业的退出率与出口目的国的收入差距和WTO虚拟变量呈负相关，与人口规模、人均GDP、关税、地理距离呈正相关，且均在10%水平上显著。这表明，出口目的国非WTO成员，且收入差距越大、人口规模越小、人均GDP越小、关税越小、地理距离越近，则中国企业在该市场上的出口退出率越高。相关性分析只能表明两个变量的关系，在多种因素存在

的情况下，对核心自变量和因变量的关系需要进行进一步的回归分析。

表 6-2　相关系数矩阵

变量	New_{it}	$Exit_{it}$	$Continue_{it}$	$ContinueTime_{it}$
$gini\_disp$	0.25*	-0.05*	0.01*	0.15*
$gini\_mkt$	0.17*	-0.02*	0.02*	0.05*
$lnpop$	0.19*	0.27*	0.15*	0.39*
$lnrgdp$	0.08*	0.07*	0.02*	0.26*
$lnwtariff$	-0.20*	0.11*	-0.07*	-0.31*
$lndistw$	-0.05*	0.04*	-0.05*	-0.05*
wto	0.15*	-0.21*	0.12*	0.24*

注：*表示在10%的水平上显著。

二　基准回归分析

根据计量模型，本章首先实证研究了出口目的国收入差距对中国企业出口新进入率的影响，表 6-3 汇报了回归结果。首先，无论是否考虑国家层面的控制变量，出口目的国基尼系数变量的回归系数均显著为正，表明出口目的国的收入差距越高，中国企业在该市场的出口新进入率就越高。具体而言，出口目的国的收入差距每增加 1 个单位，中国企业在该市场上的出口新进入率将增加 0.001 个单位。其次，控制变量中出口目的国人口规模、人均 GDP 变量的回归系数显著为正，中国与出口目的国之间的关税和地理距离变量的回归系数显著为负，WTO 虚拟变量的回归系数显著为正。这表明，出口目的国的人口规模越大、人均 GDP 越高，其市场规模越大，那么中国企业在该市场上的出口新进入率越高；中国与出口目的国之间的关税水平越低，中国企业在该市场上的出口新进入率越高；中国企业在 WTO 成员市场上的出口新进入率要高于在非 WTO 成员市场上的出口新进入率。

表 6-3　　　　　　　　　　基准回归结果：出口新进入率

变量	(1) New_{it}	(2) New_{it}	(3) New_{it}	(4) New_{it}	(5) New_{it}	(6) New_{it}
$gini\_disp_{it}$	0.001*** (4.21)	0.001*** (4.25)	0.002** (3.10)	0.001** (3.34)	0.001** (3.42)	0.002** (3.44)
$lnpop_{it}$		0.001*** (3.82)	0.001*** (3.77)	0.002** (2.54)	0.001*** (3.80)	0.002*** (3.94)
$lnrgdp_{it}$			0.001*** (4.36)	0.001** (3.02)	0.001** (3.31)	0.002** (2.35)
$lnwtariff_{it}$				−0.001*** (−3.85)	−0.002*** (−3.94)	−0.001*** (−4.82)
$lndistw_{it}$					−0.001*** (−5.60)	−0.001** (−2.48)
wto_{it}						0.001*** (5.25)
常数项	0.000 (0.160)	0.011*** (4.270)	0.015*** (3.940)	0.003 (1.160)	0.011*** (3.720)	0.011*** (4.580)
样本量	860	809	797	636	630	630
R^2	0.014	0.016	0.017	0.017	0.020	0.022
调整 R^2	0.004	0.003	0.005	0.006	0.006	0.010

注：括号中的数字为 t 统计量，**、***分别表示在5%和1%的水平上显著。

本章进一步实证研究了出口目的国收入差距对中国企业出口退出率的影响，表6-4汇报了具体的回归结果。列（6）中出口目的国基尼系数变量的回归系数为−0.002，且在1%的水平上显著，这表明出口目的国的收入差距每增加1个单位，中国企业在该市场上的出口退出率将分别减少0.002个单位；列（6）中实际关税、地理距离和WTO虚拟变量的回归系数为正但不显著，表明实际关税、地理距离和是否加入WTO对中国企业在该市场上的出口退出率未产生显著影响；列（6）中出口目的国的人口规模和人均GDP变量的回归系数均为−0.001，且均在1%的水平上显著，这表明目的国的人口规模和人均GDP越高，中国企业在该市场上的出口退出率越低。

表 6-4　　　　　　　　　基准回归结果：出口退出率

变量	(1) $Exit_{it}$	(2) $Exit_{it}$	(3) $Exit_{it}$	(4) $Exit_{it}$	(5) $Exit_{it}$	(6) $Exit_{it}$
$gini\_disp_{it}$	-0.001*** (-3.28)	-0.001*** (-4.24)	-0.001*** (4.07)	-0.002*** (-4.33)	-0.001*** (-3.65)	-0.002*** (-3.78)
$lnpop_{it}$		-0.001*** (-3.84)	-0.001*** (-4.40)	-0.001*** (-3.86)	-0.001*** (-4.09)	-0.001*** (-4.23)
$lnrgdp_{it}$			-0.001*** (-6.08)	-0.002*** (-4.74)	-0.002*** (-5.81)	-0.001*** (-4.94)
$lnwtariff_{it}$				0.001 (0.22)	0.001 (0.20)	0.001 (0.41)
$lndistw_{it}$					0.001 (0.76)	0.001 (0.37)
wto_{it}						0.001 (1.19)
常数项	-0.001 (-0.07)	0.004*** (5.07)	0.002*** (4.59)	0.003*** (6.23)	0.002* (1.92)	0.002** (2.14)
样本量	860	809	797	636	630	630
R^2	0.009	0.010	0.010	0.009	0.011	0.012
调整 R^2	0.003	0.002	0.004	0.003	0.004	0.006

注：括号中的数字为 t 统计量，*、**、*** 分别表示在 10%、5% 和 1% 的水平上显著。

随后，本章实证研究了出口目的国收入差距对中国企业出口持续存在率的影响，表 6-5 呈现了回归结果。首先，列（6）中出口目的国收入差距变量的回归系数为 0.002，且在 1% 的水平上显著，这表明出口目的国的收入差距每增加 1 个单位，中国企业在该市场上的出口持续存在率将分别增加 0.002 个单位；其次，列（6）中出口目的国人口规模变量和人均 GDP 变量的回归系数均为正，且分别在 1% 和 10% 的水平上显著，这表明出口目的国的人口规模越大和人均 GDP 越高，中国企业在该市场的出口持续存在率越高，这与出口新进入率的回归结果一致；再次，列（6）中加权关税的回归系数为 -0.001，且在 1% 的水平上显著,这表明出口目的国的加权关税水平越高,中国企业在该市场的出口持续存在率越低;最后,中国与出口目的国的地理距离变量的回归系数为负,WTO 虚拟变量的回归系数为正,但二者均不显著,这表明地理距离和是否为 WTO 成员,对中国企业在目的国市场的出口持续存在率的影响并不明显。

表 6-5　　　　　　　　基准回归结果:出口持续存在率

变量	(1) $Continue_{it}$	(2) $Continue_{it}$	(3) $Continue_{it}$	(4) $Continue_{it}$	(5) $Continue_{it}$	(6) $Continue_{it}$
$gini\_disp_{it}$	0.002*** (4.19)	0.002*** (4.53)	0.002*** (5.04)	0.001*** (4.57)	0.001*** (4.46)	0.002*** (5.58)
$lnpop_{it}$		0.001*** (4.18)	0.001*** (4.23)	0.001*** (5.94)	0.001*** (4.88)	0.001*** (4.77)
$lnrgdp_{it}$			0.001*** (3.91)	0.001** (2.05)	0.001** (1.98)	0.001* (1.65)
$lnwtariff_{it}$				−0.001*** (−4.18)	−0.001*** (−4.06)	−0.001** (−2.50)
$lndistw_{it}$					−0.001 (−0.18)	−0.001 (−0.12)
wto_{it}						0.000 (1.00)
常数项	0.001 (1.61)	0.006*** (4.44)	0.005** (2.55)	0.001*** (3.94)	0.001** (2.31)	0.001** (2.05)
样本量	860	809	797	636	630	630
R^2	0.012	0.011	0.013	0.012	0.015	0.016
调整 R^2	0.005	0.005	0.004	0.006	0.005	0.007

注:括号中的数字为 t 统计量,*、**、*** 分别表示在 10%、5% 和 1% 的水平上显著。

在分析了出口目的国收入差距对中国企业出口进入、退出和持续存在行为后,本章进一步考察了出口目的国收入差距对中国企业在该国市场上平均出口持续存在时间的影响,表 6-6 汇报了回归结果。首先,列(6)中出口目的国基尼系数变量的回归系数为 0.012,且在 5% 的水平上显著,这表明出口目的国的收入差距每增加1个单位,中国企业在该市场上的平均出口持续存在时间将增加0.012个单位。其次,列(6)中出口目的国人口规模和人均GDP的回归系数分别为0.127和0.168,且均在1%的水平上显著,这表明出口目的国的人口规模越大、人均GDP水平越高,中国企业在该国市场上的平均出口持续存在时间越长;列(6)中加权关税的回归系数为-0.234,且在1%的水平上显著,这表明中国与出口目的国之间的关税水平越高,中国企业在该国市场上的平均出口持续存在时间越短。最后,中国与出口目的国的地理距离和WTO虚拟变量的回归系数不显著,表明地理距离未对中国企业平均出口持续时间产生显著影响,且出口目的国是否为WTO成员未对中国在该国市场上的平均出口持续存在时间产生显著影响。

表6-6　　　　　　　　　基准回归结果:平均出口持续存在时间

变量	(1) $ContinueTime_{it}$	(2) $ContinueTime_{it}$	(3) $ContinueTime_{it}$	(4) $ContinueTime_{it}$	(5) $ContinueTime_{it}$	(6) $ContinueTime_{it}$
$gini\_disp_{it}$	0.010*** (4.03)	0.009*** (3.81)	0.005 (1.31)	0.011** (2.26)	0.011* (1.94)	0.012** (2.11)
$lnpop_{it}$		0.095*** (7.40)	0.107*** (7.58)	0.124*** (6.08)	0.123*** (5.92)	0.127*** (6.01)
$lnrgdp_{it}$			0.187*** (7.16)	0.163*** (4.22)	0.159*** (4.05)	0.168*** (4.20)
$lnwtariff_{it}$				-0.217*** (-4.07)	-0.220*** (-4.12)	-0.234*** (-4.31)
$lndistw_{it}$					-0.012 (-0.15)	0.022 (0.26)
wto_{it}						0.148 (1.39)
常数项	2.214*** (16.64)	0.674*** (2.74)	-1.713*** (-3.94)	-1.588** (-2.37)	-1.412 (-1.53)	-1.749* (-1.83)
样本量	859	809	797	636	630	630
R^2	0.056	0.061	0.066	0.071	0.077	0.090

续表

变量	(1) $ContinueTime_{it}$	(2) $ContinueTime_{it}$	(3) $ContinueTime_{it}$	(4) $ContinueTime_{it}$	(5) $ContinueTime_{it}$	(6) $ContinueTime_{it}$
调整 R^2	0.011	0.012	0.016	0.014	0.021	0.025

注：括号中的数字为 t 统计量，*、**、***分别表示在10%、5%和1%的水平上显著。

第三节 内生性处理与稳健性检验

一 内生性处理

本章主要研究目的国收入差距对中国企业出口行为的影响，因每个国家在每年只有一个数据，解释变量相对于被解释变量较为宏观，所以不可能存在反向因果导致的内生性问题。除反向因果导致内生性问题外，遗漏变量也会导致内生性问题，本部分使用面板固定效应模型，从而尽可能地解决内生性问题。

表6-7报告了使用面板固定效应模型的回归结果，从中可知回归结果与基准回归结果基本一致，其中列（1）、列（3）与列（4）中基尼系数的回归结果均至少在10%的水平上显著，只有对出口持续存在率的回归结果并不显著，这进一步验证了本章的实证结果具有较好的稳健性。

表6-7　内生性处理结果：使用面板固定效应模型

变量	(1) $ContinueTime_{it}$	(2) $Continue_{it}$	(3) $Exit_{it}$	(4) New_{it}
$gini\_mkt_{it}$	0.012***	0.001	-0.002*	0.001***
	(3.83)	(1.05)	(-2.38)	(4.35)
$lnpop_{it}$	0.132***	0.002***	-0.004***	0.052***
	(4.43)	(3.74)	(4.19)	(4.32)
$lnrgdp_{it}$	0.121***	0.002***	-0.000***	0.001***
	(3.45)	(3.73)	(-3.83)	(3.86)

续表

变量	(1) $ContinueTime_{it}$	(2) $Continue_{it}$	(3) $Exit_{it}$	(4) New_{it}
$\ln wtariff$	-0.143***	-0.002***	0.001	-0.001***
	(-3.86)	(-3.96)	(0.35)	(3.45)
$\ln distw_{it}$	-0.161*	-0.001**	0.001***	-0.002**
	(-1.93)	(2.64)	(4.38)	(-2.56)
wto_{it}	0.053***	0.001**	-0.002***	0.001***
	(4.06)	(3.04)	(3.48)	(3.94)
常数项	-2.125	0.011**	0.000**	0.002***
	(-1.42)	(2.48)	(2.23)	(4.45)
样本量	630	630	630	630
R^2	0.006	0.009	0.033	0.019
调整 R^2	0.005	0.018	0.005	0.013

注：括号中的数字为 t 统计量，*、**、*** 分别表示在 10%、5% 和 1% 的水平上显著。

二 稳健性检验

第二节中基准回归结果均表明，目的国的收入差距的确对中国企业的出口行为产生了影响，目的国收入差距扩大分别导致中国企业出口进入率提升、出口退出率降低、出口持续存在率上升以及平均出口持续存在时间增加。为了进一步验证基准回归结果的稳健性，本部分通过改变核心变量的度量方式，进一步考察了目的国收入差距对出口进入率、出口退出率、出口持续存在率以及平均出口持续存在时间的影响。

本节逐渐改变了收入差距的度量方式，利用税后的收入差距数据研究对中国企业出口行为的影响，表6-8报告了具体的回归结果。由表可知，目的国税后的收入差距对中国企业平均出口持续存在时间的回归系数在1%的水平上显著为正，表明目的国收入差距扩大导致中国企业的平均出口持续存在时间上升，这主要是因为目的国的需求规模扩大有利于中国企业在目的国市场的出口生存。表6-8中列（2）的回归结果并不显著，与此前的基准回归存在较大差异。列（3）和列（4）分别是对中国企业出口退出率和出口新进入率的回归结果，可以发现目的国收入差距对中国企业退出率和出口新进入率的回归系数分别为 -0.001 和 0.002，两个数值在 1% 的水平上显著，表明中国企业出口到收入差距较大的目的国将有较低的出口退出率和较高的出口新进入率。目的国的人口规模和人均 GDP 对中国企业的出口行为产生了相同的作用，企业出口到人口规模和人均 GDP 更大的目的国将有更长的平均出口持续存在时间和更高的出口持续存在率与出口新进入率，并且有更小的出口退出率。关税和距离对中国企业出口退出率的回归系数并没有通过显著性检验。WTO 虚拟变量系数的回归结果基本与基准回归结果一致，即与中国同属 WTO 成员方使企业有更高的出口新进入率和更低的出口退出率。

表 6-8　　稳健性检验结果：改变收入差距的度量方式

变量	(1) $ContinueTime_{it}$	(2) $Continue_{it}$	(3) $Exit_{it}$	(4) New_{it}
$gini\_mkt_{it}$	0.016**	0.001	-0.001***	0.002***
	(2.23)	(0.82)	(-3.87)	(3.42)
$lnpop_{it}$	0.122***	0.001***	-0.001***	0.001***
	(5.86)	(3.83)	(3.19)	(3.03)
$lnrgdp_{it}$	0.121***	0.002***	-0.002***	0.001***
	(3.45)	(3.75)	(-4.83)	(5.34)
$lnwtariff$	-0.238***	-0.002***	0.000	-0.001***
	(-4.38)	(-4.06)	(0.40)	(3.96)
$lndistw_{it}$	-0.161*	-0.001***	0.000	-0.001**
	(-1.93)	(4.30)	(0.09)	(-2.47)
wto_{it}	0.060***	0.001**	-0.002***	0.001***
	(4.56)	(2.07)	(3.98)	(4.38)
常数项	-1.345	0.001**	0.002**	0.011***
	(-1.42)	(2.08)	(2.02)	(4.66)
样本量	630	630	630	630
R^2	0.007	0.010	0.013	0.020
调整 R^2	0.003	0.005	0.004	0.010

注：括号中的数字为 t 统计量，*、**、*** 分别表示在 10%、5% 和 1% 的水平上显著。

第四节 进一步回归分析

一 非线性回归分析

虽然通过第二章的理论分析发现收入差距与比较优势和企业出口行为之间不存在非线性关系，这主要是因为数理模型的限制，进而无法在需求侧中引入收入差距的平方项，但第四章和第五章的实证检验均发现收入差距与比较优势和企业生产率存在非线性关系，所以本章为考察目的国收入差距对中国企业出口行为的非线性影响，依然在计量模型中加入了收入差距的平方项变量，表6-9汇报了加入收入差距平方项后的实证检验结果。

表6-9　　进一步回归结果：加入收入差距平方项

变量	(1) $ContinueTime_{it}$	(2) $Continue_{it}$	(3) $Exit_{it}$	(4) New_{it}
$gini\_mkt_{it}$	0.044 (0.84)	0.014*** (3.63)	−0.001*** (−3.31)	0.002*** (4.42)
$gini\_mkt_{it}^2$	−0.001*** (−5.53)	−0.002 (−1.48)	0.001 (0.96)	−0.003** (−2.83)
$lnpop_{it}$	0.122*** (5.83)	0.002*** (3.82)	−0.001*** (−4.18)	0.001*** (4.01)
$lnrgdp_{it}$	0.124*** (3.49)	0.001*** (8.79)	−0.002*** (−4.83)	0.002*** (5.36)
$lnwtariff_{it}$	−0.234*** (−4.27)	−0.001*** (−4.11)	0.001*** (3.36)	−0.002*** (−3.93)
$lndistw_{it}$	0.162* (1.94)	0.000 (0.28)	−0.000 (−0.10)	−0.001** (−2.47)
wto_{it}	0.046*** (4.41)	0.002*** (5.16)	0.000 (0.87)	0.002 (1.41)
常数项	−0.754 (−0.51)	0.001 (0.92)	0.002 (1.03)	0.010 (1.58)
样本量	630	630	630	630

续表

变量	(1) $ContinueTime_{it}$	(2) $Continue_{it}$	(3) $Exit_{it}$	(4) New_{it}
R^2	0.015	0.016	0.021	0.020
调整 R^2	0.006	0.007	0.009	0.011

注：括号中的数字为 t 统计量，*、**、*** 分别表示在10%、5%和1%的水平上显著。

由表6-9可知收入差距对出口持续存在率、出口退出率和出口新进入率的回归系数均在1%的水平上显著，而只有平均出口持续存在时间的回归系数并不显著。收入差距的平方项对出口持续存在率、出口退出率的回归系数并不显著，而对平均出口持续存在时间、出口新进入率的回归系数分别为-0.001与-0.003，且至少在5%的水平上显著，表明目的国收入差距对平均出口持续存在时间与出口新进入率产生了倒"U"形影响，换句话说，目的国收入差距的适度扩大导致中国企业的平均出口持续存在时间和出口新进入率上升，但目的国收入差距过度扩大将会对中国企业的出口行为产生相反的影响。此外，其他控制变量的回归结果与此前的基准回归结果基本一致，WTO虚拟变量系数对出口退出率和出口新进入率的回归系数并不显著，表明目的国是否为WTO成员对中国企业的出口行为影响较小。

二 分区域回归分析

为了探索不同区域国家的收入差距对中国企业出口行为的影响，本部分将世界各国按照地理位置划分为东亚国家、东南亚国家、西欧国家、北美洲国家、南美洲国家和东欧国家，然后分区域样本进行了回归分析，表6-10、表6-11、表6-12与表6-13分别报告了分区域对平均出口持续存在时间、出口持续存在率、出口退出率和出口新进入率的回归结果。

表6-10报告了分区域对平均出口持续存在时间的回归结果，可知分区域的回归结果不如基准回归结果显著，只有列（1）和列（4）的回归结果较为显著。表明东亚国家和东欧国家收入差距的变化对中国企

业的平均出口持续存在时间产生了显著影响,而且呈现明显的倒"U"形关系,即东亚国家和东欧国家收入差距扩大对中国企业的平均出口持续存在时间产生先正向后负向的影响;东南亚国家和南美洲国家的收入差距均未对中国企业平均出口持续存在时间产生影响。北美洲国家的收入差距对中国企业平均出口持续存在时间的回归系数为 10.261,且在 1% 的水平上显著,表明北美洲的收入差距扩大将导致中国企业的平均出口持续存在时间线性上升。此外,东亚国家的人口规模、人均 GDP 对中国企业平均出口持续存在时间的回归系数均在 1% 的水平上显著,人口规模与人均 GDP 在其他区域中的回归结果中较不显著,其主要原因可能是中国与东亚国家的需求偏好更相似,这些国家国内需求结构变化会显著影响中国企业的平均出口持续存在时间。

表 6-10　进一步回归结果:平均出口持续存在时间(分区域)

变量	(1) 东亚国家	(2) 东南亚国家	(3) 西欧国家	(4) 东欧国家	(5) 北美洲国家	(6) 南美洲国家
$gini\_mkt_{it}$	157.116*** (4.22)	2.454 (1.32)	0.181 (0.14)	3.974*** (5.49)	10.261*** (4.57)	0.014 (0.04)
$gini\_mkt_{it}^2$	−1.831*** (−4.28)	−0.030 (−1.36)	−0.002 (−0.15)	−0.041*** (−5.36)	−0.103 (−0.55)	−0.000 (−0.00)
$\ln pop_{it}$	316.452*** (4.06)	0.097 (0.87)	0.223** (2.13)	1.156 (0.55)	1.151 (1.50)	0.028 (0.46)
$\ln rgdp_{it}$	13.341*** (−3.80)	0.448* (1.76)	0.380 (0.49)	1.516*** (4.52)	5.589*** (3.29)	0.735*** (3.72)
$\ln wtariff_{it}$	−1.818* (−1.83)	−0.338*** (−4.24)	−1.556** (−2.49)	−0.730*** (−4.42)	−0.555*** (−5.62)	−0.570*** (−4.26)
$\ln distw_{it}$	−166.316*** (−3.99)	−1.285*** (−4.50)	−3.433*** (−4.97)	−31.617*** (−6.67)	−41.243*** (−3.36)	−2.308*** (−3.86)
wto_{it}	131.455*** (4.11)	0.806* (1.72)	23.204 (0.56)	19.114** (2.07)	164.914*** (4.34)	19.300*** (5.51)
常数项	0.053 (0.19)	−44.900 (−1.22)	0.054 (0.11)	−198.487 (−0.53)	0.003 (0.31)	0.001 (0.33)
样本量	12	44	36	20	18	57

续表

变量	(1) 东亚国家	(2) 东南亚国家	(3) 西欧国家	(4) 东欧国家	(5) 北美洲国家	(6) 南美洲国家
R^2	0.013	0.017	0.016	0.013	0.012	0.011
调整 R^2	0.008	0.007	0.009	0.007	0.005	0.006

注：括号中的数字为 t 统计量，*、**、*** 分别表示在10%、5%和1%的水平上显著。

表6-11报告了分区域对出口持续存在率的回归结果，可以发现表中列（1）、列（2）、列（5）和列（6）中的核心解释变量及其二次项变量均在1%水平上显著，表明东亚国家、东南亚国家、北美洲国家与南美洲国家的收入差距变化会影响中国企业的平均出口持续存在率，其中对东亚国家的影响大于其他国家的影响，收入差距二次项的回归系数为负，这进一步表明目的国收入差距与中国企业的出口持续率存在倒"U"形关系，即目的国收入差距的适度提高将导致中国企业的出口持续存在率上升，当目的国收入差距超过拐点后，收入差距的扩大将不利于企业持续存在。此外，东亚国家的人口规模、人均GDP对中国企业出口持续存在率的回归系数均在1%的水平上显著，人口规模与人均GDP在其他区域的回归结果中较不显著，其主要原因可能是中国与东亚国家的需求偏好更为相似，这些国家的需求结构变化会显著影响中国企业的持续存在行为。

表6-11　　　　进一步回归结果：出口持续存在率（分区域）

变量	(1) 东亚国家	(2) 东南亚国家	(3) 西欧国家	(4) 东欧国家	(5) 北美洲国家	(6) 南美洲国家
$gini\_mkt_{it}$	0.003*** (4.06)	0.002*** (4.63)	0.001 (0.89)	0.001 (1.31)	0.001*** (4.39)	0.000*** (6.19)
$gini\_mkt_{it}^2$	-0.005*** (-4.06)	-0.003*** (-4.60)	-0.000 (-0.88)	-0.000 (-1.17)	-0.003*** (-5.35)	-0.002*** (-4.15)
$\ln pop_{it}$	0.004* (1.83)	0.001* (1.69)	0.001 (0.05)	0.000 (0.18)	0.002*** (4.41)	0.002*** (3.80)

续表

变量	(1) 东亚国家	(2) 东南亚国家	(3) 西欧国家	(4) 东欧国家	(5) 北美洲国家	(6) 南美洲国家
$\ln rgdp_{it}$	0.001***	0.002*	0.001*	0.000	0.000	0.002**
	(4.33)	(1.70)	(1.89)	(0.72)	(0.10)	(2.53)
$\ln wtariff_{it}$	−0.001***	−0.002***	−0.001*	−0.000	−0.002**	−0.002***
	(−4.10)	(−3.69)	(−1.85)	(−0.39)	(−2.41)	(−5.00)
$\ln distw_{it}$	−0.001**	−0.002**	−0.001	−0.002	−0.000**	−0.001**
	(−2.31)	(−2.32)	(−0.68)	(−0.11)	(−2.26)	(−2.39)
wto_{it}	0.015***	0.002***	0.001	0.003	0.001***	0.015***
	(3.85)	(3.75)	(0.07)	(0.98)	(4.40)	(4.30)
常数项	0.000	0.008*	0.000	0.017	0.000	0.000
	(1.52)	(1.78)	(1.01)	(0.16)	(1.00)	(1.02)
样本量	12	44	36	20	18	57
R^2	0.005	0.001	0.003	0.002	0.003	0.006
调整 R^2	0.001	0.002	0.001	0.001	0.001	0.004

注：括号中的数字为 t 统计量，*、**、*** 分别表示在10%、5%和1%的水平上显著。

表6-12报告了分区域对出口退出率的回归结果，可知分区域的回归结果不如基准回归结果显著，只有列（2）、列（3）与列（6）的回归结果较为显著，而东亚国家的回归结果不再如前期一样显著，表明东亚国家和东欧国家的收入差距与中国企业的出口退出率之间存在"U"形关系，即东南亚国家、西欧国家以及南美洲国家收入差距扩大对中国企业出口退出率产生了先下降后上升的影响；东亚国家和东欧国家的收入差距变化均未对中国企业出口退出率产生影响。此外，人口规模对东南亚国家、西欧国家与南美洲国家出口退出率的回归系数均在1%的水平上显著为负。目的国人均GDP的回归系数显著为负，表明目的国人均GDP增加，将导致中国企业出口退出率下降；加权关税的回归系数显著为正，表明关税增加将导致中国企业出口退出率增加，其主要原因是贸易壁垒阻碍了两国之间的贸易活动。距离变量对所有区域出口退出率的回归系数均至少在10%的水平上显著上升，距离不仅能反映两国

消费偏好的差异程度，还能反映两国之间的贸易壁垒。其他控制变量的回归结果基本与先前的回归结果一致，不再赘述。

表6-12　　　　　　进一步回归结果：出口退出率（分区域）

变量	(1) 东亚国家	(2) 东南亚国家	(3) 西欧国家	(4) 东欧国家	(5) 北美洲国家	(6) 南美洲国家
$gini\_mkt_{it}$	−0.003	−0.001***	−0.001***	−0.000	−0.000	−0.001***
	(−0.65)	(−6.29)	(−4.69)	(−0.71)	(−1.38)	(−4.73)
$gini\_mkt_{it}^2$	0.000	0.001***	0.002***	0.000	0.000	0.001***
	(0.65)	(6.21)	(2.67)	(0.86)	(1.38)	(3.73)
$\ln pop_{it}$	−0.004	−0.001**	−0.002*	−0.001	−0.002***	−0.001***
	(−0.39)	(−2.67)	(−1.78)	(−0.93)	(−4.34)	(−3.59)
$\ln rgdp_{it}$	−0.003***	−0.002*	−0.001*	−0.001**	−0.001	−0.002**
	(−4.44)	(−1.73)	(−1.78)	(−2.32)	(−1.64)	(−2.09)
$\ln wtariff_{it}$	0.002*	0.001**	0.001*	0.001	0.001***	0.001*
	(1.74)	(2.45)	(1.70)	(0.57)	(5.63)	(1.83)
$\ln distw_{it}$	0.001***	0.001***	0.001***	0.016*	0.002***	0.001*
	(8.14)	(4.00)	(3.94)	(1.72)	(4.57)	(1.92)
wto_{it}	−0.013	−0.003**	−0.021*	−0.002	−0.002***	−0.005***
	(−0.39)	(−2.23)	(−1.75)	(−0.57)	(−4.60)	(−4.44)
常数项	0.001	0.025***	0.001	−0.115	0.001	0.002
	(1.05)	(6.67)	(0.01)	(−0.66)	(0.02)	(0.01)
样本量	12	44	36	20	18	57
R^2	0.008	0.007	0.008	0.009	0.006	0.007
调整 R^2	0.004	0.003	0.005	0.006	0.002	0.004

注：括号中的数字为 t 统计量，*、**、*** 分别表示在10%、5%和1%的水平上显著。

表6-13报告了分区域对企业出口新进入率的回归结果，可知东亚国家、东南亚国家、北美洲国家与南美洲国家的回归结果均为显著，而西欧国家和东欧国家的回归结果中有较多变量不显著，这表明东亚国家、东南亚国家、北美洲国家以及南美洲国家的收入差距变化对中国企

业的出口新进入率产生了显著影响，而且收入差距的二次项均在1%的水平上显著为负，这表明以上区域国家的收入差距与中国企业出口新进入率之间存在倒"U"形关系，这意味着收入差距的适度扩大将提高中国企业出口新进入的概率。在东亚国家、东南亚国家、北美洲国家以及南美洲国家样本中，人口规模和人均GDP的上升对企业出口新进入率产生了正向作用，这进一步验证了目的国的需求规模和需求结构对企业出口行为的影响。关税对中国企业出口新进入的回归系数符号与此前的基准回归结果一致，东亚国家的收入差距对中国企业的出口行为影响最大。另外，wto虚拟变量系数在所有区域中的回归系数均在1%的水平上显著为正，表明两国同时加入世界贸易组织将使东亚国家的出口新进入率上升更多。

表6-13　　　　　　　进一步回归结果：出口新进入率（分区域）

变量	(1) 东亚国家	(2) 东南亚国家	(3) 西欧国家	(4) 东欧国家	(5) 北美洲国家	(6) 南美洲国家
$gini\_mkt_{it}$	0.002*** (4.44)	0.001*** (3.45)	0.000 (1.01)	0.000 (0.37)	0.004*** (4.06)	0.001*** (4.23)
$gini\_mkt_{it}^2$	-0.003*** (-6.44)	-0.000*** (-3.45)	0.000 (1.00)	-0.000 (-0.41)	-0.002*** (-4.04)	-0.002*** (-4.21)
$\ln pop_{it}$	0.002*** (5.18)	0.001*** (4.80)	0.000 (0.70)	0.001 (0.73)	0.003*** (7.18)	0.002*** (5.30)
$\ln rgdp_{it}$	0.002*** (4.25)	0.001*** (2.76)	0.001 (0.35)	0.001 (1.14)	0.002*** (3.82)	0.001*** (3.67)
$\ln wtariff_{it}$	-0.002*** (-4.33)	-0.002** (-2.44)	-0.002 (-0.65)	-0.001 (-0.98)	-0.003*** (-4.94)	-0.001*** (-3.01)
$\ln distw_{it}$	-0.003*** (-3.34)	-0.001*** (-4.36)	-0.000 (-0.41)	-0.013 (-0.71)	-0.001*** (-4.34)	-0.001* (-1.69)
wto_{it}	0.007*** (4.17)	0.001*** (3.67)	0.005*** (3.42)	0.002*** (4.49)	0.003*** (4.03)	0.002*** (3.38)
常数项	0.001 (0.05)	-0.002*** (-3.28)	0.002 (0.03)	0.103 (0.69)	0.002 (0.42)	0.001 (0.13)
样本量	12	44	36	20	18	57

续表

变量	（1）东亚国家	（2）东南亚国家	（3）西欧国家	（4）东欧国家	（5）北美洲国家	（6）南美洲国家
R^2	0.007	0.005	0.006	0.003	0.002	0.005
调整 R^2	0.001	0.001	0.002	0.001	0.001	0.001

注：括号中的数字为 t 统计量，*、**、***分别表示在10%、5%和1%的水平上显著。

第五节 本章小结

企业的出口行为充满着不确定性，目的国收入差距与其需求结构和需求规模紧密相关，为了探索目的国的收入差距是否通过需求侧渠道影响了企业的出口行为，本章利用2001—2006年的中国微观数据，实证检验了目的国收入差距对中国企业出口行为的影响，主要得到以下研究结论。

第一，无论是否考虑国家层面的控制变量，目的国的基尼系数变量对出口新进入率的回归系数均显著为正，表明目的国的收入差距越高，中国企业在该市场的出口新进入率越高；出口目的国的基尼系数、人口规模和人均GDP变量对出口退出率的回归系数均显著为负，表明中国企业出口到收入差距、人口规模和人均GDP越高的目的国时面临越低的出口退出率；目的国的收入差距越高、人口规模越大、人均GDP越高，中国企业在该市场的出口持续存在率越高、平均出口持续存在时间越长。

第二，为了进一步验证基准回归结果的稳健性，本章通过改变核心变量的度量方式，考察了目的国收入差距对中国企业出口新进入率、出口退出率以及出口持续存在率等影响，发现目的国税后的收入差距对中国企业平均出口持续存在时间的回归系数在1%的水平上显著为正，表明目的国收入差距扩大将导致中国企业的出口持续时间上升，这主要是因为目的国的需求规模扩大有利于中国企业在目的国市场的出口存在。

第三，本书的第四章和第五章均通过实证检验发现收入差距与比较优势和企业生产率存在非线性关系,所以本章继续考察了目的国收入差距与中国企业出口行为之间是否存在非线性关系,收入差距的平方项对出口持续存在率、出口退出率的回归系数并不显著,而对平均出口持续存在时间、出口新进入率的回归系数分别为-0.001与-0.003,且至少在5%的水平上显著,表明目的国收入差距对中国企业平均出口持续存在时间与出口新进入率产生了倒"U"形的影响。本章还分区域样本对反映中国企业出口行为进行了异质性分析,回归结果基本与此前的结果一致,这再次验证了本书研究结论的可靠性。

第七章　收入差距相似性对企业出口行为的影响：跨国经验

本书前几章已经充分论述收入差距对于需求结构的重要性，同时发现收入差距通过影响需求结构进一步影响了比较优势和企业出口行为。既然本书的核心是从需求侧角度探索研究，就不得不应用著名的重叠需求理论，于是本章转换思维，试图将收入差距替代此前重叠需求理论中的人均收入，以两国间收入差距的接近程度来衡量需求重叠程度。目前，学术界已经出现了多篇关于此方面的研究文献，但这些文献仅研究了收入差距相似性对双边贸易总额的影响，本章进一步将研究对象锁定为企业的出口行为，试图探索两国收入差距相似性对企业出口行为的影响。

首先，本章利用1997—2014年的出口动态数据库（Exporter Dynamics Database，EDD）和8.0版标准化世界收入不平等数据库（Standardized World Income Inequality Database，SWIID），实证分析了收入差距衡量的需求重叠程度对企业基本出口特征、集中/多样化特征、企业进入退出存活特征的影响；其次，为验证本章的实证分析具有较好的稳健性，通过改变核心解释变量进行了回归分析，为进一步克服可能存在的内生性问题，本章还采用PM2.5指标作为收入差距相似度的工具变量进行了回归分析；最后，为探索收入差距相似性对不同样本的企业出口行为是否存在异质性影响，本章按制造业和产品类别进行了异质性回归分析。

第一节 计量模型、变量选取与数据来源

一 计量模型的设定

根据上述理论模型分析可知，两国间的收入差距越相似，市场重叠程度越高，进而会影响企业的出口行为，为实证检验收入差距相似性对企业出口行为的影响，本章设定如下多维计量模型。

$$ex\_dynamic_{ijt} = \alpha + \beta_1 \ln simi\_gini_{ijt-1} + \beta_2 \ln dist_{ij} + \beta_2 X_{ijt} + \eta \bar{Z} + \varphi_t + \mu_{ijt} \quad (7-1)$$

式中：i、j、t 分别为来源国、目的国以及时间；本章在计量模型中引入了距离和收入差距相似性的交互项 X；$\bar{Z}$ 为除距离之外的虚拟变量；φ_t 为时间的固定效应；μ_{ijt} 为随机扰动项。

二 变量选取及测度

本章选取出口动态数据库中涉及基本出口特征、集中/多样化特征以及企业进入退出特征的一部分重要变量作为因变量 $ex\_dynamic$，具体变量见下文。

本章的核心变量 $simi\_gini$ 主要衡量两国收入差距的相似程度，Braymen 和 Lam（2014）此前利用 Bohman 和 Nilsson（2007）的市场重叠概念构建了收入分配相似程度变量，但因各国收入差距密度数据不能直接获取，所以本章定义两国基尼系数差值的绝对值作为两国收入差距相似变量 $simi\_gini$，该数值越高意味着两国的收入差距越不相似，反之亦然。虽然两国间的收入差距越不接近，分为 A 国比 B 国更不平等和 A 国比 B 国更平等两种情况，显然这两种情况并不对称，但本章的研究目标在于关注两国收入差距的相似程度，所以这种不对称情况并不影响研究结论。此外，因为市场需求对企业的出口行为可能存在时滞性，所以变量最终选择滞后一期进行分析。本章引入变量 $dist$ 衡量来源国与目的国之间的地理距离，企业在考虑出口行为时肯定会考虑出口距离，施炳展（2012）、罗来军（2014）已经显著验证了各国间的地理距离与其贸易额存在负相关关系，因此距离必然会影响企业的出口行为。

在此基础之上，本章同样引入了一些计量模型中通常使用的控制变量 $\bar{Z}$：①人口规模（pop），一国的人口规模越大表明市场需求越大；

②人均国内生产总值（rgdp），此前较多嵌入非位似偏好的文献研究发现消费者的人均收入与市场需求存在一定关系；③两国语言是否相同（comlang），如果两国的语言相同，则变量取值为 1，否则取值为 0；④两国是否曾存在殖民关系（colony），如果两国间曾存在殖民关系，则变量取值为 1，否则取值为 0；⑤两国是否同属于 WTO 成员（wto），如果两国同属于 WTO 成员，则变量取值为 1，否则取值为 0。

三 数据来源及处理

本章使用的主要数据来源于 8.0 版本标准化世界收入不平等数据库、世界银行数据库、CEPII 中的 Gravity 数据库以及 Cebeci 等（2012）开发的出口动态数据库。其中，出口动态数据库由 Cebeci 等（2012）根据出口商一级的海关数据作为投入整合而成，其中涵盖 38 个发展中国家和 7 个发达国家 1997—2014 年的数据，数据库包括了多个维度，其中按照贸易伙伴国—产品编码—年份分类的数据样本数达 123 万个。该数据库包括以下几个方面的指标：每个国家出口到目的国的基本出口特征（如出口商数量、平均出口商规模和出口商增长率）、集中/多样化特征（如赫芬达尔指数、顶级出口商的份额、每个出口商的产品和目的地数量）、企业进入退出特征（如进入率、退出率和存活率）。

8.0 版本标准化世界收入不平等数据库，涵盖税前或转移支付之前的基尼系数与税后或转移支付之后的基尼系数，以及按国家和年份分列的标准误差。本章使用的第三个数据库为世界银行数据库，主要从中获得各国的人均 GDP、人口规模与加权关税等重要控制变量。本章使用的第四个数据库为 CEPII 中的 Gravity 数据库，主要从中获得各国之间的地理距离、殖民关系、语言关系以及 WTO 成员关系等变量。本章为与主要数据库的时间跨度相匹配，最终设定样本分析的时间跨度为 1997—2014 年。

表 7-1 汇报了主要变量的描述性统计结果。从样本数据来看，两国税后收入差距相似程度和税前收入差距相似程度分别为 9.84 和 6.92，出口到目的国的平均企业退出率为 0.54%，企业出口到目的国在第一年的存活率为 0.32%，企业出口到目的国在第二年的存活率为

0.18%,企业出口到目的国在第三年的存活率为 0.13%,可以发现竞争效应会促使一部分企业逐渐退出国外市场。

表 7-1 描述性统计

类别		变量	变量说明	Obs	Mean	SD	Min	Max
被解释变量	基本出口特征	lnA1	出口企业数量	63742	3.34	2.30	0.00	11.10
		lnA2	进入企业数量	54152	2.90	2.03	0.00	9.85
		lnA3	退出企业数量	53033	2.85	2.02	0.00	9.68
		lnA4	进入存活企业数量	37654	2.48	1.85	0.00	9.38
		lnA5	现存企业数量	47465	3.16	2.22	0.00	10.82
		lnA6i	出口企业平均出口额	56095	11.90	1.63	1.25	18.77
		lnA7i	进入企业平均出口额	48940	10.87	1.51	-1.90	19.36
		lnA8i	退出企业平均出口额	48038	10.72	1.50	-8.80	21.72
		lnA9i	进入存活企业平均出口额	36419	11.19	1.66	-1.07	19.53
		lnA10i	现存企业平均出口额	45673	12.37	1.75	-0.02	19.89
	出口集中/多样化特征	B1	赫芬达尔指数	56099	0.29	0.27	0.00	1.00
		lnB3i	每家企业平均出口 HS-6 位编码产品数量	55159	0.72	0.55	0.00	4.62
		lnB5i	每种 HS-6 位编码产品平均出口企业数量	55159	0.57	0.57	0.00	5.35
	企业进入退出存活特征	C1	企业进入率	56142	0.57	0.25	0.00	1.00
		C2	企业退出率	55313	0.54	0.25	0.00	1.00
		C3	企业进入 1 年存活率	46650	0.32	0.22	0.00	1.00
		C5	企业进入 2 年存活率	39337	0.18	0.17	0.00	1.00
		C6	企业进入 3 年存活率	32544	0.13	0.14	0.00	1.00
		D1i	现存企业平均产品进入率	46628	0.26	0.20	0.00	1.00
		D2i	进入存活企业平均产品进入率	36928	0.32	0.24	0.00	1.00
		D3i	现存企业新产品出口额占比	46628	0.20	0.19	0.00	1.00
		D4i	进入存活企业新产品出口额占比	36927	0.27	0.23	0.00	1.00

续表

类别	变量		变量说明	Obs	Mean	SD	Min	Max
被解释变量	企业进入退出存活特征	D5i	现存企业平均产品退出率	45148	0.26	0.20	0.00	1.00
		D6i	现存2年企业平均产品退出率	31623	0.38	0.23	0.00	1.00
		F1i	出口企业平均单价	567285	1343.59	79365.21	0.00	3.98e+07
		F5i	现存企业平均单价	417588	1129.13	66723.89	0.00	2.07e+07
核心解释变量	$simi\_gini\_disp$		税后收入差距相似性指数	67239	9.84	7.29	0.00	43.40
	$simi\_gini\_mkt$		税前收入差距相似性指数	67239	6.92	5.99	0.00	46.00
控制变量	$lndistw$		加权地理距离	67239	8.65	0.80	4.74	9.89
	$lnpop\_des$		目的国人口规模	67239	16.08	1.90	9.14	21.03
	$lnrgdp\_des$		目的国人均GDP	66093	9.11	1.20	5.98	11.85
	$lnpop\_ori$		来源国人口规模	67239	16.59	1.28	13.89	19.13
	$lnrgdp\_ori$		来源国人均GDP	67239	9.03	1.04	6.47	11.11
	$comlang$		是否使用同种语言	67239	0.16	0.36	0.00	1.00
	$colony$		是否曾存在殖民关系	67239	0.02	0.13	0.00	1.00
	wto		是否同为WTO成员	67239	0.80	0.40	0.00	1.00

资料来源：根据出口动态数据库（EDD）、标准化收入不平等数据库（SWIID）和世界银行数据库（WBD）中相关数据整理计算绘制。

第二节 基准回归结果及分析

一 初步经验分析

Bernasconi（2013）、Inmaculada和Sebastian（2016）等学者已经实证检验了收入差距相似性与双边贸易额的关系，基本结论均证实收入差距越相似的两国之间的贸易额越大。

基于此，本节使用出口动态数据库中提供的出口企业数量和平均出口额变量，二者相乘恰好是出口贸易额，然后使用核心变量以及其他控制变量对其进行了回归分析，实证结果如表7-2所示。研究结果表明：

当仅用收入差距相似性变量对出口贸易额进行回归分析时，发现其所对应的回归系数在1%的水平上显著为负，进一步加入通常引力模型涉及的变量对出口贸易额进行回归分析，研究发现各变量均在1%的水平上显著，再进一步将收入差距相似性变量加入经典的引力模型中，并对出口企业、进入存活企业以及现存企业的贸易额进行回归分析，其所对应的回归系数分别为-0.855、-0.604与-1.004。表明收入差距越相似的两国之间贸易额越高，这恰好与之前文献的结论一致，也间接表明该数据库的可靠性，其中距离的回归系数为负，交互项的回归系数为正，表明收入差距相似性对出口贸易额的影响随距离的上升而上升，其他控制变量均符合预期。

表7-2　　　　　　　　　　初步回归结果

解释变量	（1） $\ln A1A6i_{ijt}$	（2） $\ln A1A6i_{ijt}$	（3） $\ln A1A6i_{ijt}$	（4） $\ln A4A9i_{ijt}$	（5） $\ln A5A10i_{ijt}$
$\ln simi\_gini_{ijt-1}$	-0.106*** (-7.76)		-0.855*** (-10.19)	-0.604*** (-6.63)	-1.004*** (-10.46)
$\ln distw_{ijt}$		-1.361*** (-132.01)	-1.530*** (-77.32)	-1.361*** (-61.29)	-1.650*** (-71.73)
X_{ijt}			0.104*** (10.51)	0.070*** (6.47)	0.121*** (10.66)
$\ln pop\_des_{jt}$		0.869*** (184.68)	0.880*** (177.56)	0.758*** (125.90)	0.947*** (161.88)
$\ln rgdp\_des_{jt}$		1.119*** (141.10)	1.115*** (132.01)	0.901*** (87.17)	1.204*** (120.05)
$\ln pop\_ori_{it}$		1.066*** (155.28)	1.069*** (147.27)	1.063*** (117.82)	1.102*** (128.89)
$\ln rgdp\_ori_{it}$		1.710*** (181.80)	1.692*** (165.85)	1.468*** (112.87)	1.760*** (141.71)
$comlang_{ij}$		1.082*** (43.21)	1.068*** (40.26)	0.806*** (24.54)	1.145*** (35.62)
$colony_{ij}$		1.060*** (19.55)	1.042*** (18.05)	0.974*** (15.20)	1.068*** (16.63)

续表

解释变量	(1) $\ln A1A6i_{ijt}$	(2) $\ln A1A6i_{ijt}$	(3) $\ln A1A6i_{ijt}$	(4) $\ln A4A9i_{ijt}$	(5) $\ln A5A10i_{ijt}$
wto_{ijt}		0.676***	0.675***	0.371***	0.744***
		(27.75)	(25.62)	(11.56)	(23.33)
常数项	16.021***	-31.174***	-29.834***	-27.178***	-32.339***
	(525.40)	(-133.50)	(-103.07)	(-79.04)	(-95.26)
年份固定效应	控制	控制	控制	控制	控制
样本量	49168	55317	48508	35174	44481
R^2	0.0116	0.6291	0.6309	0.5303	0.5922
调整 R^2	0.0113	0.6289	0.6307	0.5299	0.5919

注：括号中的数字为 t 统计量，***表示在1%的水平上显著。下同。

进一步，本章基于数据库所能提供的一些重要变量，使用计量模型考察了贸易伙伴国之间收入差距相似程度对出口企业在基本特征、集中/多样化特征与企业出口特征等方面的影响，表7-3—表7-7报告了全样本的OLS回归结果，本节的各回归分析均控制了年份的固定效应。

二 基准回归分析

（一）基本出口特征

表7-3报告了收入差距相似性对出口企业数量、进入存活企业数量和现存企业数量的回归结果。在列（1）至列（3）中，将主要变量逐步代入计量模型中进行回归分析，以防止出现错误的回归结果，分析发现将收入差距相似性单独进行回归分析时，其回归系数在1%的水平上显著为负，表明收入差距相似性确实能够影响出口企业数量。列（3）、列（4）与（5）中核心解释变量的估计系数分别为-0.304、-0.167与-0.436，且在1%的水平上显著，从经济意义上看，两个贸易伙伴国之间的收入差距越接近，会导致两国间的出口企业数量、进入存活企业数量以及现存企业数量越多，表明更多企业会出口产品到与本国收入差距接近的国家。此外，距离对出口企业数量、进入存活企业数量和现存企业数量的回归系数在1%的水平上显著为负，这与预期基本

一致；距离和收入差距相似性的交互项的回归系数在1%的水平上显著为正，表明随着两国距离越远，两国的收入差距的相似性对出口企业数量、进入存活企业数量和现存企业数量的影响会逐渐增加；来源国与目的国的人口规模、人均GDP均在1%的水平上显著为正，这进一步表明市场规模与人均国内生产总值均对出口企业数量、进入存活企业数量和现存企业数量产生了影响；其他控制变量的回归结果基本与预期一致，在此不再赘述。

表7-3　　　　　　　　　　基准回归结果一

解释变量	(1) lnA1	(2) lnA1	(3) lnA1	(4) lnA4	(5) lnA5
$\ln simi\_gini_{ijt-1}$	-0.039*** (-4.23)		-0.304*** (-5.20)	-0.167*** (-2.85)	-0.436*** (-7.09)
$\ln distw_{ijt}$		-1.085*** (-164.33)	-1.168*** (-87.55)	-0.976*** (-71.42)	-1.183*** (-83.90)
X_{ijt}			0.041*** (6.10)	0.021*** (3.04)	0.053*** (7.48)
$\ln pop\_des_{jt}$		0.506*** (190.65)	0.515*** (180.11)	0.446*** (141.98)	0.522*** (164.01)
$\ln rgdp\_des_{jt}$		0.747*** (167.09)	0.745*** (151.13)	0.641*** (118.67)	0.782*** (141.09)
$\ln pop\_ori_{it}$		0.815*** (202.25)	0.813*** (187.29)	0.724*** (154.33)	0.809*** (169.65)
$\ln rgdp\_ori_{it}$		1.339*** (266.59)	1.327*** (238.26)	1.115*** (171.76)	1.361*** (208.52)
$comlang_{ij}$		0.973*** (67.48)	0.962*** (62.02)	0.757*** (44.02)	0.942*** (53.35)
$colony_{ij}$		1.064*** (26.73)	1.051*** (25.38)	1.006*** (23.59)	1.027*** (23.41)
wto_{ijt}		0.510*** (35.71)	0.533*** (33.28)	0.409*** (22.87)	0.569*** (30.87)

续表

解释变量	(1) lnA1	(2) lnA1	(3) lnA1	(4) lnA4	(5) lnA5
常数项	3.611*** (170.39)	−28.536*** (−217.12)	−27.923*** (−157.65)	−25.279*** (−130.56)	−29.088*** (−146.19)
年份固定效应	控制	控制	控制	控制	控制
样本量	53752	62736	52958	36094	46188
R^2	0.0159	0.7275	0.7220	0.6771	0.6995
调整 R^2	0.0156	0.7274	0.7218	0.6769	0.6993

注：括号中的数字为 t 统计量，***表示在1%的水平上显著。

表7-4报告了收入差距相似性对出口企业、进入存活企业和现存企业的平均出口额的回归结果。通过分析列（1）和列（2）的回归结果，发现所有变量的回归系数均较为显著，这不仅表明收入差距相似性对出口的重要性，还表明经典的引力模型在企业的出口行为研究中依然适用。列（3）至列（5）分别是对出口企业、进入存活企业和现存企业的平均出口额的回归结果，其所对应的回归系数分别为−0.536、−0.445与−0.554，且在1%的水平上显著，从经济意义上看，如果两个贸易伙伴国之间的收入差距越相似，两国之间出口企业、进入存活企业和现存企业的平均出口额越大，换句话说，企业更愿意出口更大价值的产品到与本国收入差距接近的目的国；此外，距离对出口企业平均出口额、进入存活企业平均出口额和现存企业平均出口额的回归系数均显著为负，这与预期基本一致；距离和收入差距相似性的交互项的回归系数在1%的水平上显著为正，表明随着两国距离越远，两国的收入差距相似性对出口企业、进入存活企业和现存企业的平均出口额的影响会逐渐增加；来源国与目的国的人口规模、人均GDP、共同语言变量在1%的水平上显著为正，这也进一步表明这几个变量均对出口企业、进入存活企业和现存企业的平均出口额产生了显著影响；是否曾为殖民地以及是否为WTO成员在其中几列回归结果中并不显著。

表 7-4　　　　　　　　　基准回归结果二

解释变量	(1) lnA6i	(2) lnA6i	(3) lnA6i	(4) lnA9i	(5) lnA10i
$lnsimi\_gini_{ijt-1}$	-0.032*** (-4.76)		-0.536*** (-10.51)	-0.445*** (-6.87)	-0.554*** (-9.57)
$lndistw_{ijt}$		-0.319*** (-48.22)	-0.406*** (-32.55)	-0.385*** (-23.96)	-0.471*** (-32.43)
X_{ijt}			0.062*** (10.09)	0.051*** (6.48)	0.066*** (9.44)
$lnpop\_des_{jt}$		0.385*** (117.54)	0.388*** (112.33)	0.312*** (68.61)	0.428*** (105.86)
$lnrgdp\_des_{jt}$		0.417*** (77.33)	0.413*** (72.72)	0.262*** (34.70)	0.429*** (64.30)
$lnpop\_ori_{it}$		0.299*** (62.63)	0.297*** (58.93)	0.338*** (49.41)	0.300*** (50.32)
$lnrgdp\_ori_{it}$		0.442*** (65.31)	0.427*** (58.13)	0.352*** (35.02)	0.404*** (45.65)
$comlang_{ij}$		0.211*** (12.17)	0.187*** (10.27)	0.054** (2.22)	0.224*** (10.20)
$colony_{ij}$		0.005 (0.12)	-0.004 (-0.09)	-0.029 (-0.69)	0.046 (1.09)
wto_{ijt}		0.188*** (11.64)	0.174*** (10.05)	-0.036 (-1.58)	0.169*** (8.01)
常数项	12.024*** (837.13)	-4.661*** (-29.71)	-3.729*** (-19.74)	-1.910*** (-7.64)	-3.500*** (-15.96)
年份固定效应	控制	控制	控制	控制	控制
样本量	49168	55317	48508	35174	44481
R^2	0.0162	0.2959	0.2960	0.1754	0.2687
调整 R^2	0.0158	0.2956	0.2956	0.1748	0.2682

注：括号中的数字为 t 统计量，**、***分别表示在5%、1%的水平上显著。

（二）出口集中/多样化特征

表7-5报告了收入差距相似性对赫芬达尔指数、每家企业的平均

出口 HS-6 位编码产品数量以及每种 HS-6 位编码产品平均出口企业数量的回归结果。赫芬达尔指数（Herfindahl-Hirschman Index，HHI）主要能够衡量企业的出口集中度，即市场中出口企业规模的离散度，该数值越高表明出口集中程度越高。通过观察列（1）的回归结果，发现收入差距相似性对 HHI 的回归系数在 1% 的水平上显著为正，表明收入差距越接近的国家之间的企业出口集中越低，这主要是因为需求重叠程度较大的贸易伙伴国之间的产品属性更接近，导致市场竞争程度更大，出口企业并不能垄断整个出口目的国市场，这与预期基本一致。观察列（2）的回归结果，发现收入差距相似性对每家企业平均出口 HS-6 位编码产品数量的回归系数为-0.113 且在 1% 的水平上显著，表明两国收入差距每接近 1%，则每家企业的平均出口 HS-6 位编码产品数量增加 0.113%，换句话说，两个贸易伙伴国之间的收入差距越相似，单家企业平均出口 HS-6 位编码产品数量越多。观察列（3）的回归结果，研究发现收入差距相似性对单个 HS-6 位编码产品平均出口企业数量的回归系数在 1% 的水平上显著为负，表明两个贸易伙伴国之间的收入差距越接近，单个 HS-6 位编码产品平均出口企业数量越多。

表 7-5　　　　　　　　　　基准回归结果三

解释变量	(1)	(2)	(3)
	B1	lnB3i	lnB5i
$lnsimi\_gini_{ijt-1}$	0.034***	-0.113***	-0.167***
	(3.78)	(-5.14)	(-6.85)
$lndistw_{ijt}$	0.097***	-0.235***	-0.247***
	(45.04)	(-46.38)	(-43.77)
X_{ijt}	-0.004***	0.014***	0.019***
	(-3.78)	(5.57)	(6.66)
$lnpop\_des_{jt}$	-0.037***	0.032***	0.105***
	(-65.65)	(23.58)	(83.40)
$lnrgdp\_des_{jt}$	-0.054***	0.044***	0.181***
	(-59.82)	(20.44)	(98.06)

续表

解释变量	(1) B1	(2) lnB3i	(3) lnB5i
$lnpop\_ori_{it}$	-0.078***	0.098***	0.173***
	(-98.59)	(51.29)	(89.95)
$lnrgdp\_ori_{it}$	-0.114***	0.190***	0.174***
	(-105.94)	(81.80)	(73.37)
$comlang_{ij}$	-0.074***	0.175***	0.084***
	(-25.63)	(25.46)	(14.25)
$colony_{ij}$	-0.052***	0.146***	0.383***
	(-9.28)	(9.46)	(19.52)
wto_{ijt}	-0.035***	0.009	0.064***
	(-12.04)	(1.30)	(10.77)
常数项	2.944***	-1.605***	-5.215***
	(100.64)	(-22.16)	(-74.35)
年份固定效应	控制	控制	控制
样本量	48511	47722	47722
R^2	0.3341	0.2251	0.3904
调整 R^2	0.3338	0.2247	0.3900

注：括号中的数字为 t 统计量，*** 表示在1%的水平上显著。下同。

（三）企业进入退出存活特征

表7-6报告了收入差距相似性对企业进入率、退出率以及存活率的回归结果，其中列（1）和列（2）分别是对企业进入率与退出率的回归结果，其回归系数均在1%的水平上显著为正，表明两国的收入差距越接近，企业出口到目的国市场的进入率和退出率越高。表7-6中的列（3）、列（4）与列（5）分别是对进入1年、进入2年与进入3年企业存活率的回归结果，其数值分别为-0.059、-0.060与-0.059，且在1%的水平上显著，表明两国的收入差距每接近1%，表明两国的收入差距越接近，企业出口进入目的国1年、2年与3年的存活率越高。距离变量在列（1）和列（2）中的回归系数显著为正，而在其他列中的回

归系数显著为负,表明企业出口到距离较远的国家有越高的进入率和退出率,而且企业面临更低的存活率;距离与核心变量的交互项在列(1)和列(2)中的回归系数显著为负,而在列(3)、列(4)与列(5)中的回归系数显著为正,表明收入差距相似性对进入率和退出率的影响随距离的增加而降低,收入差距相似性对企业存活率的影响随距离的增加而增加。

表 7-6　　　　　　　　基准回归结果四

解释变量	(1) C1	(2) C2	(3) C3	(4) C5	(5) C6
$\ln simi\_gini_{ijt-1}$	0.079*** (10.03)	0.076*** (9.44)	−0.059*** (−7.28)	−0.060*** (−8.44)	−0.059*** (−8.88)
$\ln distw_{ijt}$	0.043*** (21.79)	0.050*** (24.52)	−0.032*** (−15.40)	−0.029*** (−15.92)	−0.026*** (−15.14)
X_{ijt}	−0.008*** (−8.71)	−0.008*** (−7.98)	0.005*** (5.48)	0.006*** (6.51)	0.005*** (6.95)
$\ln pop\_des_{jt}$	−0.019*** (−32.02)	−0.025*** (−42.16)	0.014*** (23.36)	0.011*** (22.64)	0.009*** (19.15)
$\ln rgdp\_des_{jt}$	−0.043*** (−48.19)	−0.048*** (−54.08)	0.032*** (35.78)	0.025*** (35.18)	0.021*** (33.13)
$\ln pop\_ori_{it}$	−0.024*** (−31.21)	−0.035*** (−44.59)	0.023*** (28.51)	0.019*** (27.39)	0.015*** (23.77)
$\ln rgdp\_ori_{it}$	−0.066*** (−60.06)	−0.076*** (−69.06)	0.038*** (33.69)	0.033*** (35.80)	0.025*** (29.24)
$comlang_{ij}$	−0.029*** (−10.58)	−0.034*** (−12.24)	−0.003 (−0.98)	0.003 (1.23)	0.003 (1.38)
$colony_{ij}$	−0.000 (−0.01)	0.007 (1.64)	−0.010*** (−2.73)	−0.008*** (−2.64)	−0.007*** (−2.59)
wto_{ijt}	−0.048*** (−16.53)	−0.055*** (−18.61)	0.025*** (8.50)	0.022*** (8.89)	0.014*** (6.31)
常数项	1.903*** (65.01)	2.263*** (77.22)	−0.647*** (−21.80)	−0.598*** (−23.68)	−0.462*** (−19.76)

续表

解释变量	(1) C1	(2) C2	(3) C3	(4) C5	(5) C6
年份固定效应	控制	控制	控制	控制	控制
样本量	51772	53654	42877	36125	29967
R^2	0.1384	0.1733	0.0786	0.0926	0.0897
调整 R^2	0.1379	0.1729	0.0780	0.0920	0.0890

注：括号中的数字为 t 统计量，*** 表示在1%的水平上显著。

表7-7报告了收入差距相似性对产品进入率、新产品出口额占比和平均产品退出率的回归结果，因为发现距离和收入差距相似性的交互项在回归结果中并不显著，且在加入收入差距相似性的回归系数符号未发生变化，所以在此部分回归分析中并未加入交互项。列（1）与列（2）分别是收入差距相似性对现存企业平均产品进入率与进入存活企业平均产品进入率的回归结果，其回归系数均显著为正，表明企业出口到收入差距越接近目的国的产品进入率越低，主要原因是相似需求市场导致竞争激烈，平均产品进入率较低。列（3）与列（4）分别是收入差距相似性对现存企业新产品出口额占比与进入存活企业新产品出口额占比的回归结果，其回归系数均显著为正，表明企业出口到收入差距越相似国家的新产品出口额占比越低。列（5）是收入差距相似性对现存企业平均产品退出率的回归结果，其回归系数为0.016，且在1%的水平上显著，表明两国的收入差距接近，则会导致平均产品退出率下降。列（6）是收入差距相似性对现存2年企业平均产品退出率的回归结果，其回归系数为-0.016，且在1%的水平上显著，表明两国的收入差距接近，则会导致现存2年企业平均产品退出率上升。

表7-7　　　　　　　　　基准回归结果五

解释变量	(1) D1i	(2) D2i	(3) D3i	(4) D4i	(5) D5i	(6) D6i
$\ln simi\_gini_{ijt-1}$	0.016*** (17.82)	0.020*** (16.42)	0.017*** (18.46)	0.021*** (17.16)	0.016*** (17.66)	-0.016*** (-11.64)

续表

解释变量	(1) D1i	(2) D2i	(3) D3i	(4) D4i	(5) D5i	(6) D6i
$\ln distw_{ijt}$	-0.035***	-0.042***	-0.022***	-0.033***	-0.036***	0.007***
	(-31.36)	(-28.35)	(-20.29)	(-22.23)	(-32.22)	(4.57)
$\ln pop\_des_{jt}$	0.007***	0.011***	0.005***	0.010***	0.007***	-0.001
	(13.77)	(15.00)	(9.29)	(14.34)	(12.51)	(-0.78)
$\ln rgdp\_des_{jt}$	-0.010***	-0.007***	-0.012***	-0.008***	-0.010***	0.012***
	(-10.87)	(-5.77)	(-14.40)	(-6.93)	(-11.18)	(10.18)
$\ln pop\_ori_{it}$	0.001	-0.005***	-0.005***	-0.009***	0.000	0.009***
	(0.74)	(-4.51)	(-6.87)	(-9.07)	(0.24)	(7.75)
$\ln rgdp\_ori_{it}$	0.009***	0.020***	-0.003**	0.016***	0.006***	-0.005***
	(7.79)	(12.96)	(-2.55)	(9.92)	(5.58)	(-2.76)
$comlang_{ij}$	0.052***	0.072***	0.045***	0.073***	0.055***	-0.034***
	(17.81)	(18.99)	(15.50)	(18.88)	(18.89)	(-9.10)
$colony_{ij}$	0.041***	0.045***	0.027***	0.036***	0.043***	-0.024***
	(9.39)	(8.30)	(6.57)	(6.43)	(9.93)	(-6.06)
wto_{ijt}	-0.021***	-0.012***	-0.019***	-0.009**	-0.018***	0.009**
	(-7.45)	(-3.38)	(-6.96)	(-2.39)	(-6.17)	(2.14)
常数项	0.417***	0.410***	0.513***	0.421***	0.466***	0.148***
	(16.37)	(11.89)	(20.64)	(12.22)	(18.23)	(4.08)
年份固定效应	控制	控制	控制	控制	控制	控制
样本量	45369	35941	45369	35940	43950	30817
R^2	0.0507	0.0606	0.0376	0.0533	0.0508	0.0171
调整 R^2	0.0502	0.0599	0.0371	0.0526	0.0502	0.0163

注：括号中的数字为 t 统计量，**、***分别表示在5%和1%的水平上显著。

第三节 内生性处理与稳健性检验

一 内生性处理

贸易伙伴国之间的收入差距相似性可能会受到企业出口行为的影响，从而带来一定程度的内生性。先前的较多文献研究了国际贸易对国内收入差距的影响，至今仍没有文献研究企业贸易行为对两国收入差距相似性的影响，但也不能完全排除反向因果的联系，为进一步克服可能存在的内生性问题，本章主要采用PM2.5指标作为收入差距相似度的工具变量进行了回归分析。由于空气污染对于不同收入层级的消费者的影响不同，富裕消费者有更好的医疗条件和防护措施免受空气污染影响，而贫困消费者会因为生病而收入下降，所以空气质量影响到一国收入差距，那么两国的PM2.5指数差距越小导致收入差距越相似，并且PM2.5指数并不会影响到贸易，所以该变量是一个相对较好的工具变量。经过回归分析发现，对于贸易额、出口企业数量、进入率与退出率的OLS回归结果和工具变量回归结果基本一致，其中一阶段估计结果的 F 统计量远大于10，这进一步证明了本章研究结果的稳健性，具体结果见表7-8。

表7-8　　　　　　内生性处理结果：工具变量法

变量	(1)	(2)	(3)	(4)
	ln$A1A6i$	ln$A1$	$C1$	$C2$
ln$simi\_gini_{ijt-1}$	-17.680***	-9.139***	1.745***	1.477***
	(-8.11)	(-7.29)	(7.42)	(6.22)
ln$distw_{ijt}$	-4.462***	-2.713***	0.328***	0.289***
	(-11.76)	(-12.53)	(8.07)	(7.05)
X_{ijt}	2.053***	1.060***	-0.201***	-0.169***
	(8.12)	(7.32)	(-7.37)	(-6.18)
lnpop_des_{jt}	0.944***	0.545***	-0.021***	-0.026***
	(70.71)	(76.59)	(-16.19)	(-20.31)

续表

变量	(1) lnA1A6i	(2) lnA1	(3) C1	(4) C2
$lnrgdp\_des_{jt}$	0.938*** (31.91)	0.652*** (40.31)	-0.027*** (-9.05)	-0.034*** (-11.90)
$lnpop\_ori_{it}$	1.120*** (63.00)	0.859*** (88.73)	-0.027*** (-14.70)	-0.036*** (-20.97)
$lnrgdp\_ori_{it}$	1.538*** (52.27)	1.272*** (77.33)	-0.051*** (-16.73)	-0.062*** (-21.18)
$comlang_{ij}$	0.689*** (8.72)	0.750*** (17.42)	0.002 (0.25)	-0.005 (-0.68)
$colony_{ij}$	1.006*** (6.86)	1.079*** (13.05)	0.001 (0.05)	0.005 (0.34)
wto_{ijt}	0.525*** (8.85)	0.419*** (13.38)	-0.022*** (-3.69)	-0.040*** (-7.23)
LM 统计量	131.965	132.634	128.066	121.358
F 统计量	132.909	133.515	128.903	122.085
R^2	0.3404	0.5780	-0.4089	-0.1634
N	16344	17696	17277	17708

注：括号中的数字为 t 统计量，*** 表示在 1% 的水平上显著。下同。

二 稳健性检验

上述研究均使用各国税后收入差距指标作为核心解释变量进行了回归分析，为降低由变量度量造成的估计偏差，进一步使用各国税前收入差距指标进行了替换研究。总体而言，使用税前收入差距指标的回归结果与此前的回归结果基本一致且相对显著，只有对出口额的回归结果均不显著，这再一次验证了贸易伙伴国之间的收入差距相似性对企业的出口行为存在显著影响，表明本章的实证分析具有较好的稳健性。

虽然各国的收入差距并没有特别明显的区域特征性，但通过区域划分可以突出国家偏好或需求相似，因为同属一个区域板块的国家的消费偏好可能更相似，例如中国与日本、韩国等东亚国家的消费偏好更相似,从而可以控制消费者的偏好差异对贸易的影响。本部分在控制区域划分的基础上,研究了收入差距相似性对出口贸易额的关系,实证检验结果如表7-9所示,其中 region_com 设定为两国是否为同一区域的虚拟变量,为排除距离变量与该变量存在共线性问题,并未在回归模型中加入距离等控制变量,研究发现在控制了国家区域特征后,收入差距相似性对出口贸易的回归结果与基准回归结果一致,即收入差距越接近,国家之间的贸易总额、出口企业数量、出口企业平均出口额越高。这实际上再次证明从需求侧角度研究贸易问题时,不能只注重两国的人均收入水平,还应该重视两国收入差距的相似性。

表7-9 稳健性检验结果:控制区域偏好

变量	(1) lnA1A6i	(2) lnA1	(3) lnA6i
$lnsimi\_gini_{ijt-1}$	-0.307*** (-33.01)	-0.209*** (-34.66)	-0.079*** (-13.81)
$region\_com_{ij}$	3.052*** (77.75)	2.286*** (85.07)	0.883*** (42.16)
常数项	16.167*** (766.04)	3.764*** (277.39)	12.045*** (937.70)
年份、来源国与目的国联合固定效应	控制	控制	控制
样本量	49168	53752	49168
R^2	0.6608	0.7370	0.4132
调整 R^2	0.6591	0.7358	0.4102

注:括号中的数字为 t 统计量,***表示在1%的水平上显著。

第四节 进一步回归分析

一 制造业样本回归分析

以上分析结果是基于全样本的回归结果,不同行业和不同企业规模受需求结构影响的程度不同,林德尔曾指出重叠需求理论存在一定适用性,使用对象主要针对工业产品或者制成品,初级产品的贸易主要是由自然资源和要素禀赋差异所导致,所以初级产品的需求与消费者的收入水平无关,本章分制造业企业样本并限制企业年出口总额均在1000美元以上,进而可以分析较大规模的制造业部门企业受收入差距相似性的影响程度。表7-10报告了收入差距相似性对制造业出口企业数量及平均出口额的回归结果,研究发现核心解释变量在列(1)至列(4)中的回归系数分别为-0.389、0.456、-0.473与-0.544,且在1%的水平上显著,表明制造业的企业依然受到收入差距相似性的影响。通过将回归系数和上节全样本的回归结果进行对比,发现制造业样本中对出口企业数量、现存企业数量与出口企业平均出口额的回归系数较全样本更大,全样本中只有现存企业平均出口额的回归系数较制造业样本更大,表明制造业在贸易的二元边际方面受两国重叠需求的影响程度更大。

表7-10　　　　　　　　进一步回归结果一

变量	(1) lnA1	(2) lnA5	(3) lnA6i	(4) lnA10i
$lnsimi\_gini_{ijt-1}$	-0.389*** (-6.23)	-0.456*** (-6.74)	-0.473*** (-8.17)	-0.544*** (-8.06)
$lndistw_{ijt}$	-1.237*** (-87.78)	-1.238*** (-81.04)	-0.440*** (-31.49)	-0.510*** (-30.95)
X_{ijt}	0.046*** (6.38)	0.050*** (6.39)	0.051*** (7.31)	0.059*** (7.28)
$lnpop\_des_{jt}$	0.496*** (158.75)	0.492*** (139.92)	0.385*** (99.35)	0.431*** (94.14)
$lnrgdp\_des_{jt}$	0.710*** (135.58)	0.731*** (123.66)	0.368*** (59.04)	0.394*** (53.02)
$lnpop\_ori_{it}$	0.821*** (181.72)	0.813*** (162.59)	0.324*** (60.71)	0.329*** (51.62)
$lnrgdp\_ori_{it}$	1.299*** (209.37)	1.313*** (178.57)	0.433*** (50.28)	0.424*** (40.10)

续表

变量	(1)	(2)	(3)	(4)
	lnA1	lnA5	lnA6i	lnA10i
$comlang_{ij}$	0.938***	0.912***	0.180***	0.192***
	(57.29)	(48.50)	(8.98)	(7.79)
$colony_{ij}$	1.124***	1.101***	0.092**	0.167***
	(24.92)	(22.50)	(2.08)	(3.48)
wto_{ijt}	0.594***	0.624***	0.229***	0.259***
	(33.66)	(30.42)	(11.77)	(10.79)
常数项	-26.829***	-27.521***	-3.621***	-3.750***
	(-143.66)	(-129.72)	(-17.85)	(-15.67)
年份固定效应	控制	控制	控制	控制
样本量	46791	40223	42142	38365
R^2	0.6976	0.6709	0.2682	0.2432
调整 R^2	0.6975	0.6707	0.2677	0.2427

注：括号中的数字为 t 统计量，**、***分别表示在5%和1%的水平上显著。

表7-11报告了收入差距相似性对制造业企业出口集中/多样化与进入退出存活的回归结果，其中收入差距相似性除在列（3）中并不显著外，其他几列的回归系数均在1%的水平上显著。列（1）、列（2）与列（3）分别是对赫芬达尔指数、每家企业平均HS-6位编码出口产品数量与每种HS-6位编码产品平均出口企业数量的回归结果，其回归系数分别为0.055、-0.086与0.012，通过对比制造业样本和全样本的回归结果，发现影响方向基本一致，并且制造业企业样本对赫芬达尔指数的回归系数更大，而对每家企业平均HS-6位编码出口产品数量的回归系数更小；另外，列（4）至列（6）是收入差距相似性对企业进入率、退出率和存活率的回归结果，对比发现制造业企业的回归系数较全样本的回归系数更小，表明制造业企业在进入、退出与存活方面受重叠需求的影响较小，以上结果体现出了制造业企业和全样本企业的异质性。

表 7-11　　　　　　　　　　进一步回归结果二

解释变量	(1) B1	(2) lnB3i	(3) lnB5i	(4) C1	(5) C2	(6) C3
$\ln simi\_gini_{ijt-1}$	0.055*** (5.56)	−0.086*** (−3.33)	0.012 (0.51)	0.066*** (7.19)	0.070*** (7.38)	−0.035*** (−3.79)
$\ln distw_{ijt}$	0.113*** (48.09)	−0.202*** (−34.26)	−0.214*** (−38.48)	0.037*** (16.24)	0.049*** (21.04)	−0.026*** (−11.07)
X_{ijt}	−0.006*** (−5.08)	0.011*** (3.75)	−0.003 (−1.02)	−0.006*** (−5.74)	−0.007*** (−5.80)	0.003** (2.23)
$\ln pop\_des_{jt}$	−0.037*** (−58.91)	0.026*** (17.01)	0.098*** (76.53)	−0.015*** (−23.09)	−0.023*** (−34.19)	0.011*** (16.67)
$\ln rgdp\_des_{jt}$	−0.051*** (−49.86)	0.045*** (18.08)	0.162*** (83.21)	−0.036*** (−35.75)	−0.042*** (−41.89)	0.026*** (25.86)
$\ln pop\_ori_{it}$	−0.083*** (−98.96)	0.088*** (43.39)	0.167*** (92.22)	−0.023*** (−26.88)	−0.036*** (−42.08)	0.023*** (25.89)
$\ln rgdp\_ori_{it}$	−0.124*** (−98.84)	0.142*** (52.26)	0.157*** (63.42)	−0.059*** (−45.38)	−0.074*** (−57.76)	0.038*** (28.36)
$comlang_{ij}$	−0.089*** (−28.61)	0.158*** (20.84)	0.088*** (14.36)	−0.026*** (−8.45)	−0.036*** (−11.72)	−0.001 (−0.41)
$colony_{ij}$	−0.039*** (−6.07)	0.170*** (10.04)	0.418*** (19.10)	−0.010** (−2.29)	−0.002 (−0.43)	0.001 (0.28)
wto_{ijt}	−0.045*** (−13.49)	0.003 (0.39)	0.091*** (15.78)	−0.048*** (−14.42)	−0.057*** (−16.78)	0.025*** (7.45)
常数项	2.997*** (93.80)	−1.178*** (−14.78)	−5.045*** (−72.52)	1.752*** (53.70)	2.177*** (67.04)	−0.601*** (−18.12)
年份固定效应	控制	控制	控制	控制	控制	控制
样本量	42142	41353	41353	45657	47791	37384
R^2	0.3264	0.1430	0.3803	0.0949	0.1364	0.0568
调整 R^2	0.3260	0.1424	0.3799	0.0944	0.1359	0.0561

注：括号中的数字为 t 统计量，**、***分别表示在5%和1%的水平上显著。

表7-12中的列（1）至列（3）分别报告了收入差距相似性对现存企业平均产品进入率、现存企业新产品出口额占比与现存企业平均产品

退出率的回归结果，其回归系数分别为 0.020、0.020 与 0.021，且在 1% 的水平上显著，相关的其他控制变量均在 1% 的水平上显著。通过对比制造业样本与全样本的回归结果，发现回归系数的方向与全样本的方向保持一致，且制造业样本的回归系数较全样本的回归系数更大，这进一步表明制造业企业在平均产品进入率、现存企业新产品出口额占比与现存企业平均出口产品退出率方面更受重叠需求的影响。

表 7-12 进一步回归结果三

解释变量	(1) D1i	(2) D3i	(3) D5i
$\ln simi\_gini_{ijt-1}$	0.020***	0.020***	0.021***
	(19.61)	(20.43)	(20.67)
$\ln distw_{ijt}$	-0.035***	-0.024***	-0.035***
	(-27.49)	(-19.23)	(-27.40)
$\ln pop\_des_{jt}$	0.008***	0.006***	0.007***
	(13.44)	(9.80)	(12.07)
$\ln rgdp\_des_{jt}$	-0.001	-0.005***	-0.003**
	(-0.99)	(-4.74)	(-2.49)
$\ln pop\_ori_{it}$	-0.001	-0.006***	-0.002**
	(-1.50)	(-7.97)	(-2.34)
$\ln rgdp\_ori_{it}$	-0.001	-0.012***	-0.001
	(-0.45)	(-8.43)	(-0.53)
$comlang_{ij}$	0.051***	0.043***	0.054***
	(15.54)	(13.16)	(16.62)
$colony_{ij}$	0.041***	0.027***	0.039***
	(8.74)	(5.78)	(8.55)
wto_{ijt}	-0.022***	-0.019***	-0.020***
	(-6.58)	(-5.90)	(-6.03)
常数项	0.451***	0.549***	0.485***
	(15.89)	(19.71)	(17.12)
年份固定效应	控制	控制	控制
样本量	39405	39405	39405

续表

解释变量	(1)	(2)	(3)
	D1i	D3i	D5i
R^2	0.0421	0.0354	0.0422
调整 R^2	0.0415	0.0348	0.0416

注：括号中的数字为 t 统计量，**、***分别表示在5%和1%的水平上显著。

通过分析回归结果，可以发现绝大多数核心变量的回归系数方向基本上和全样本回归结果一致，仅有一个回归结果与此前发生了较大的变化，即每种 HS-6 位编码产品平均出口企业数量的回归结果在制造业样本中不再显著。第一，通过将回归系数和上文中全样本的回归结果进行对比，发现制造业样本中出口企业数量、现存企业数量与出口企业平均出口额的回归系数较全样本更大，而全样本中只有现存企业平均出口额的回归系数较制造业样本更大，表明制造业受两国重叠需求的影响更大。第二，通过对比制造业样本和全样本的回归结果，发现影响方向基本一致，并且制造业样本中对赫芬达尔指数的回归系数更大，而对每家企业平均 HS-6 位编码出口产品数量的回归系数更小；另外，对比企业进入率、退出率和存活率的回归结果，发现制造业样本的回归系数较全样本的回归系数更小，表明制造业企业在这些方面受需求重叠的影响较小，进而体现出制造业样本和全样本的差异性。第三，对比制造业样本与全样本的回归结果，发现回归系数的方向与全样本的方向保持一致，且制造业样本的回归系数较全样本的回归系数更大，这进一步表明制造业企业在平均产品进入率、现存企业新产品出口额占比与现存企业平均产品退出率方面更受重叠需求的影响。

二 分产品类别回归分析

不同类型的消费品与不同收入消费者的支出比例存在差异，消费者收入的增加会提高消费者在奢侈品或者高档产品方面的消费支出，所以国内消费者收入差距的变化，会导致消费结构发生根本性变化，进而会对不同产品的企业出口行为产生异质性影响，本章利用数据库所提供的 HS-2 位编码的数据，根据 HS 分类方法，本书研究了收入差距相似性分别对奢侈消费品和必需消费品企业出口行为的影响。

表 7-13 是对奢侈品和必需品的出口企业数量和现存企业数量的回归结果，通过对比可以发现以下异质性结论：收入差距相似性对奢侈品出口企业数量与现存出口企业数量的回归系数均显著为负，而对必需品相对应的回归系数显著为正。从经济意义上看，如果两国收入差距接近，则来源国中奢侈品出口企业数量与现存出口企业数量均上升，进而促使必需品出口企业数量与现存出口企业数量均下降，这间接反映出奢侈品更多是在收入差距接近的国家之间进行贸易，必需品更多是在不同消费结构的国家之间进行贸易。

表 7-13 进一步回归结果四

解释变量	奢侈品		必需品	
	(1)	(2)	(3)	(4)
	lnA1	lnA5	lnA1	lnA5
$lnsimi\_gini_{ijt-1}$	-0.378***	-0.309***	0.123***	0.245***
	(-9.73)	(-7.38)	(3.97)	(7.11)
$lndistw_{ijt}$	-0.615***	-0.561***	-0.677***	-0.590***
	(-65.62)	(-55.06)	(-88.93)	(-69.55)
X_{ijt}	0.052***	0.042***	-0.018***	-0.035***
	(11.36)	(8.46)	(-4.73)	(-8.50)
$lnpop\_des_{jt}$	0.206***	0.181***	0.220***	0.191***
	(79.49)	(60.69)	(101.15)	(78.04)
$lnrgdp\_des_{jt}$	0.229***	0.232***	0.409***	0.401***
	(59.67)	(53.65)	(125.60)	(107.24)
$lnpop\_ori_{it}$	0.365***	0.366***	0.499***	0.442***
	(96.16)	(86.56)	(152.83)	(118.84)
$lnrgdp\_ori_{it}$	0.647***	0.650***	0.556***	0.499***
	(137.24)	(117.68)	(133.86)	(103.06)
$comlang_{ij}$	0.450***	0.388***	0.463***	0.312***
	(39.37)	(29.90)	(50.52)	(30.76)
$colony_{ij}$	0.501***	0.367***	0.774***	0.702***
	(20.49)	(14.00)	(34.09)	(29.25)

续表

解释变量	奢侈品		必需品	
	(1)	(2)	(3)	(4)
	lnA1	lnA5	lnA1	lnA5
wto_{ijt}	0.199***	0.217***	0.252***	0.256***
	(15.43)	(15.09)	(23.02)	(20.74)
常数项	-11.496***	-11.985***	-14.011***	-13.040***
	(-86.05)	(-79.93)	(-129.37)	(-107.11)
年份固定效应	控制	控制	控制	控制
样本量	106665	75476	132502	98464
R^2	0.2356	0.2365	0.3467	0.3224
调整 R^2	0.2354	0.2362	0.3465	0.3222

注：括号中的数字为 t 统计量，***表示在1%的水平上显著。

表 7-14 是对奢侈品和必需品企业的出口企业平均出口额和现存企业平均出口额的回归结果，对比发现收入差距相似性对两种产品的影响一致且为正相关，这与前文的回归结果恰好相反，消费品企业更愿意出口到与本国收入差距不接近的国家。

表 7-14 进一步回归结果五

解释变量	奢侈品		必需品	
	(1)	(2)	(3)	(4)
	lnA6i	lnA10i	lnA6i	lnA10i
$\ln simi\_gini_{ijt-1}$	0.596***	0.511***	0.799***	0.927***
	(10.05)	(7.14)	(16.12)	(15.79)
$\ln distw_{ijt}$	-0.339***	-0.378***	-0.379***	-0.409***
	(-21.55)	(-19.74)	(-29.75)	(-27.28)
X_{ijt}	-0.079***	-0.070***	-0.117***	-0.133***
	(-10.86)	(-7.90)	(-19.26)	(-18.30)
$\ln pop\_des_{jt}$	0.284***	0.345***	0.254***	0.310***
	(55.23)	(54.02)	(61.95)	(61.69)

续表

解释变量	奢侈品		必需品	
	(1)	(2)	(3)	(4)
	lnA6i	lnA10i	lnA6i	lnA10i
$lnrgdp\_des_{jt}$	0.229***	0.280***	0.274***	0.337***
	(30.42)	(28.69)	(42.21)	(41.16)
$lnpop\_ori_{it}$	0.375***	0.364***	0.360***	0.334***
	(50.86)	(38.76)	(55.15)	(41.54)
$lnrgdp\_ori_{it}$	0.920***	0.941***	0.322***	0.269***
	(94.58)	(71.80)	(39.55)	(26.55)
$comlang_{ij}$	-0.200***	-0.164***	-0.179***	-0.149***
	(-9.19)	(-5.82)	(-10.59)	(-7.25)
$colony_{ij}$	0.297***	0.292***	0.462***	0.537***
	(8.53)	(6.76)	(15.03)	(14.72)
wto_{ijt}	-0.007	0.046	0.134***	0.231***
	(-0.26)	(1.35)	(6.34)	(8.55)
常数项	-8.802***	-9.722***	-2.838***	-2.840***
	(-36.63)	(-31.39)	(-14.47)	(-11.71)
年份固定效应	控制	控制	控制	控制
样本量	72071	57710	95624	79963
R^2	0.1773	0.1581	0.1170	0.1132
调整 R^2	0.1770	0.1577	0.1167	0.1129

注：括号中的数字为 t 统计量，***表示在1%的水平上显著。

表7-15是收入差距相似性对奢侈品和必需品企业出口集中/多样化的回归结果。收入差距相似性对两种产品赫芬达尔指数的回归系数符号恰好相反，其中收入差距相似性变量在奢侈品样本中的回归系数为0.025，而收入差距相似性变量在必需品样本中的回归系数为-0.067，且均在1%的水平上显著，表明两国收入差距每缩小接近1%，则奢侈品的企业出口集中度下降0.025%，必需品的企业出口集中度上升0.067%；收入差距相似性对奢侈品和必需品每家企业平均HS-6位编码出口产品数量的回归系数符号同样相反，其回归系数分别为

−0.025 和 0.023，表明两国的收入差距越接近，将使奢侈品的每家企业平均 HS-6 位编码出口产品数量上升，必需品的每家企业平均 HS-6 位编码出口产品数量下降；此外，收入差距相似性对奢侈品和必需品的每种 HS-6 位编码产品平均出口企业数量的回归系数同样相反，其数值分别为−0.140 和 0.142，表明两国收入差距越接近，将使奢侈品的每种 HS-6 位编码产品平均出口企业数量上升，必需品的每种 HS-6 位编码产品平均出口企业数量下降。

表 7-15 进一步回归结果六

解释变量	奢侈品			必需品		
	(1)	(2)	(3)	(4)	(5)	(6)
	B1	lnB3i	lnB5i	B1	lnB3i	lnB5i
$lnsimi\_gini_{ijt-1}$	0.025*** (3.12)	−0.025** (−2.45)	−0.140*** (−7.04)	−0.067*** (−10.35)	0.023* (1.79)	0.142*** (5.40)
$lndistw_{ijt}$	0.072*** (35.76)	−0.024*** (−8.64)	−0.247*** (−50.54)	0.060*** (36.27)	−0.045*** (−14.34)	−0.323*** (−50.21)
X_{ijt}	−0.004*** (−4.16)	0.003** (2.48)	0.020*** (8.45)	0.009*** (11.63)	−0.003** (−2.05)	−0.020*** (−6.46)
$lnpop\_des_{jt}$	−0.014*** (−22.48)	−0.010*** (−11.36)	0.084*** (57.00)	−0.015*** (−26.45)	−0.004*** (−3.79)	0.104*** (53.03)
$lnrgdp\_des_{jt}$	−0.010*** (−10.13)	−0.026*** (−18.78)	0.118*** (53.67)	−0.038*** (−44.39)	0.037*** (25.20)	0.175*** (58.19)
$lnpop\_ori_{it}$	−0.044*** (−48.29)	−0.003** (−2.15)	0.175*** (83.36)	−0.063*** (−79.74)	0.004*** (2.95)	0.247*** (87.46)
$lnrgdp\_ori_{it}$	−0.095*** (−80.12)	0.019*** (12.06)	0.206*** (77.78)	−0.074*** (−72.48)	0.054*** (28.84)	0.279*** (79.30)
$comlang_{ij}$	−0.034*** (−12.52)	0.024*** (6.40)	0.109*** (17.85)	−0.027*** (−12.48)	0.045*** (12.01)	0.082*** (11.09)
$colony_{ij}$	−0.079*** (−17.23)	−0.044*** (−8.14)	0.264*** (19.84)	−0.101*** (−24.46)	0.039*** (5.05)	0.441*** (25.28)
wto_{ijt}	−0.015*** (−4.41)	−0.009* (−1.69)	0.094*** (13.14)	−0.006** (−2.21)	0.009* (1.69)	0.099*** (11.11)

续表

解释变量	奢侈品			必需品		
	(1)	(2)	(3)	(4)	(5)	(6)
	B1	lnB3i	lnB5i	B1	lnB3i	lnB5i
常数项	1.897***	0.828***	-4.920***	2.325***	-0.071	-6.614***
	(62.88)	(20.23)	(-70.75)	(93.79)	(-1.57)	(-71.14)
年份固定效应	控制	控制	控制	控制	控制	控制
样本量	72071	71243	71243	95624	93262	93262
R^2	0.1149	0.0225	0.1938	0.1297	0.0295	0.1829
调整 R^2	0.1146	0.0221	0.1935	0.1295	0.0292	0.1827

注：括号中的数字为 t 统计量，*、**、*** 分别表示在 10%、5% 和 1% 的水平上显著。

表 7-16 是对奢侈品企业和必需品企业进入率、退出率及存活率的回归结果，对比发现收入差距相似性对两种产品的影响方向一致为负，而且系数均在 1% 的水平上显著，而且通过对比奢侈品和必需品中回归系数的大小，发现奢侈品在企业进入率、企业退出率的回归系数较必需品的回归系数更大，表明奢侈品在企业进入率和企业退出率方面更容易受到重叠需求的影响，而奢侈品和必需品在企业进入 1 年存活率的回归系数差距较小。

表 7-16　　　　　　　　　　进一步回归结果七

解释变量	奢侈品			必需品		
	(1)	(2)	(3)	(4)	(5)	(6)
	C1	C2	C3	C1	C2	C3
$\ln simi\_gini_{ijt-1}$	-0.052***	-0.038***	0.047***	-0.027***	-0.020***	0.049***
	(-6.75)	(-5.14)	(6.21)	(-3.95)	(-3.03)	(6.85)
$\ln distw_{ijt}$	-0.000	0.027***	-0.012***	0.008***	0.040***	-0.013***
	(-0.24)	(14.55)	(-5.75)	(4.85)	(23.74)	(-7.00)
X_{ijt}	0.008***	0.006***	-0.007***	0.005***	0.005***	-0.008***
	(8.75)	(6.64)	(-6.93)	(6.47)	(5.71)	(-8.91)

续表

解释变量	奢侈品			必需品		
	(1)	(2)	(3)	(4)	(5)	(6)
	C1	C2	C3	C1	C2	C3
$lnpop\_des_{jt}$	0.003***	-0.008***	0.000	0.007***	-0.004***	-0.002***
	(4.23)	(-13.29)	(0.21)	(12.44)	(-7.95)	(-3.75)
$lnrgdp\_des_{jt}$	-0.028***	-0.037***	0.016***	-0.026***	-0.041***	0.024***
	(-28.77)	(-42.13)	(16.85)	(-29.02)	(-48.73)	(25.63)
$lnpop\_ori_{it}$	-0.012***	-0.028***	0.018***	-0.000	-0.023***	0.015***
	(-12.67)	(-31.08)	(17.90)	(-0.04)	(-28.74)	(15.58)
$lnrgdp\_ori_{it}$	-0.051***	-0.082***	0.038***	-0.026***	-0.056***	0.027***
	(-40.40)	(-77.26)	(30.25)	(-23.80)	(-54.67)	(22.82)
$comlang_{ij}$	0.031***	0.001	-0.023***	0.004	-0.023***	-0.008***
	(11.11)	(0.25)	(-8.58)	(1.57)	(-10.60)	(-3.16)
$colony_{ij}$	0.000	-0.011**	-0.002	0.002	-0.017***	0.004
	(0.02)	(-2.47)	(-0.55)	(0.52)	(-4.46)	(1.04)
wto_{ijt}	-0.016***	-0.034***	0.005	-0.022***	-0.035***	0.011***
	(-4.63)	(-11.03)	(1.45)	(-7.19)	(-12.34)	(3.44)
常数项	1.510***	2.162***	-0.475***	0.883***	1.664***	-0.284***
	(49.55)	(79.40)	(-15.50)	(32.55)	(65.47)	(-9.88)
年份固定效应	控制	控制	控制	控制	控制	控制
样本量	100383	116842	74132	126048	143123	93939
R^2	0.0427	0.0754	0.0302	0.0280	0.0582	0.0265
调整R^2	0.0424	0.0752	0.0299	0.0278	0.0580	0.0262

注：括号中的数字为 t 统计量，**、***分别表示在5%和1%的水平上显著。

由于在产品层面，可以得到企业平均单价数据，因此本章利用此数据研究了收入差距相似性对企业平均单价的影响，表7-17报告了对奢侈品和必需品企业出口产品平均单价的回归结果，可以发现列（1）至列（4）中收入差距相似性的回归系数均在1%水平上显著为负，表明两国收入差距越相似，企业出口到目的国的产品平均单价越高，企业出口到与本国存在较大差距国家的平均单价就越低，并且收入差距相似性总体上对奢侈品的影响程度较必需品更大。

表 7-17　　　　　　　　　　进一步回归结果八

解释变量	奢侈品		必需品	
	(1)	(2)	(3)	(4)
	lnF1i	lnF5i	lnF1i	lnF5i
$\ln simi\_gini_{ijt-1}$	-0.830***	-0.752***	-0.197***	-0.099**
	(-12.89)	(-10.50)	(-5.71)	(-2.47)
$\ln distw_{ijt}$	-0.195***	-0.197***	-0.059***	-0.032***
	(-11.25)	(-10.15)	(-6.39)	(-3.00)
X_{ijt}	0.132***	0.119***	0.029***	0.014***
	(16.57)	(13.32)	(6.81)	(2.79)
$\ln pop\_des_{jt}$	0.105***	0.122***	0.061***	0.065***
	(18.71)	(18.73)	(20.40)	(18.02)
$\ln rgdp\_des_{jt}$	0.199***	0.257***	0.286***	0.369***
	(22.56)	(24.23)	(57.95)	(61.09)
$\ln pop\_ori_{it}$	0.417***	0.329***	0.095***	0.117***
	(45.10)	(30.46)	(18.99)	(19.22)
$\ln rgdp\_ori_{it}$	0.954***	0.919***	0.599***	0.551***
	(96.92)	(74.20)	(113.00)	(84.96)
$Comlang_{ij}$	0.398***	0.362***	0.105***	0.112***
	(15.09)	(11.61)	(8.95)	(7.96)
$colony_{ij}$	-0.528***	-0.376***	-0.084***	-0.047**
	(-12.95)	(-8.08)	(-4.32)	(-2.01)
wto_{ijt}	0.362***	0.373***	0.181***	0.152***
	(10.62)	(9.58)	(10.42)	(7.27)
常数项	-14.349***	-13.717***	-7.562***	-8.718***
	(-54.25)	(-43.74)	(-51.96)	(-50.08)
年份固定效应	控制	控制	控制	控制
样本量	55644	44402	68654	56855
R^2	0.1852	0.1536	0.2602	0.2255
调整 R^2	0.1848	0.1531	0.2599	0.2251

注：括号中的数字为 t 统计量，**、*** 分别表示在 5%、1% 的水平上显著。

第五节 本章小结

本章以收入差距影响需求侧为切入点，使用1997—2014年出口动态数据库和8.0版本标准化世界收入不平等数据库（SWIID），实证检验了理论假说8，即按收入差距衡量的需求重叠程度对企业出口行为的影响，主要得出以下研究结论。

第一，收入差距相似性在总样本中显著影响了企业出口规模、出口集中/多样化与进入退出存活行为。①收入差距相似性对出口企业、进入存活与现存企业的贸易额的回归系数分别为-0.855、-0.604与-1.004，表明收入差距越相似的两国之间的贸易额越高。②收入差距相似性对企业数量和平均出口额的回归系数均为负且在1%的水平上显著，企业出口更多产品到与本国收入差距接近的国家，这意味着按收入差距衡量的需求重叠程度从扩展边际和集约边际两个方面影响了出口规模。③两国收入差距越相似，会导致出口企业的集中度越低、每家企业平均HS-6位编码出口产品数量越多、每种HS-6位编码产品平均出口企业数量越多。④企业出口到与本国收入差距越相似的国家，会面临越低的进入率和退出率、越高的存活率，表明企业出口到与本国需求结构更相似的国家会更容易存活并连续出口，企业的产品进入率和新产品出口额占比越低，导致企业的产品退出率越低。

第二，为进一步保证研究结论更具稳健性，采取多种方法进行了稳健性检验。①使用税前收入差距指标的回归结果与此前的回归结果基本一致且相对显著，只有对出口额的回归结果不显著，这再一次验证了贸易伙伴国之间收入差距的相似性对其出口行为存在显著影响，表明本章的实证分析具有较好的稳健性。②在控制了国家区域特征后，收入差距相似性对出口贸易的影响与基准回归结果一致，即收入差距越相似，则国家之间的贸易总额、企业数量、平均出口额越高，这实际上再次证明了从需求侧角度研究贸易问题时，不能只注重两国的人均收入水平，还应该重视两国收入差距的差异性。③为进一步克服可能存在的内生性问题，本章主要采用PM2.5指标作为收入差距相似度的工具变量进行了回归分析，发现对于贸易额、出口数量、进入率与退出率的OLS回归结果和工具变量回归结果基本一致,其中一阶段估计结果的 F 统计量远大于 10,这进一步证明了本章研究结果的稳健性。

第三,由于不同行业受需求的影响存在异质性,本章进一步对制造业样本进行了异质性回归分析,研究发现:①制造业样本在出口企业数量、现存企业数量与出口企业平均出口额中的回归系数较全样本更大,表明制造业受两国重叠需求的影响更大;②制造业样本中对赫芬达尔指数的回归系数更大,而对每家企业平均 HS-6 位编码出口产品数量的回归系数更小,表明制造业企业在这些方面受重叠需求的影响较小,进而体现出制造业样本和全样本的差异性;③在平均产品进入率、现存企业新产品出口额占比与现存企业平均产品退出率方面,制造业企业受重叠需求的影响更大。

第四,不同类型的消费品在不同收入消费者的支出比例存在差异,消费者收入的增加会提高消费者在奢侈品或者高档产品的消费支出,本章分别定义了奢侈品和必需品,并分别研究了对两类产品的异质性影响,研究发现:①如果两国收入差距相似,则奢侈品出口企业数量与现存出口企业数量均上升,而必需品出口企业数量与现存出口企业数量均下降,这间接反映出奢侈品更多是在收入差距相似的国家之间进行贸易,必需品更多是在收入差距不相似的国家之间进行贸易;②收入差距相似性对两种产品赫芬达尔指数的回归系数符号恰好相反,如果缩小两国收入差距的相似性,将使奢侈品的企业出口集中度下降,而使必需品的企业出口集中度上升;③收入差距相似性对奢侈品和必需品每家企业平均 HS-6 位编码出口产品数量的回归系数相反,收入差距相似性对奢侈品和必需品每种 HS-6 位编码产品平均出口企业数量的回归系数符号同样相反,这表明两国收入差距的相似程度降低,则奢侈品的每家企业平均 HS-6 位编码出口产品数量和每种 HS-6 位编码产品平均出口企业数量增加,而必需品的每家企业平均 HS-6 位编码出口产品数量和每种 HS-6 位编码产品平均出口企业数量减少,且收入差距相似性对奢侈品的企业进入率、退出率以及企业平均单价的影响程度较必需品更大。

第八章　主要结论、对策建议与研究展望

现有关于比较优势和企业出口行为的文献，主要将研究集中于探索供给侧方面的影响，相对忽略了需求侧的重要影响。其主要原因在于模型假设条件过于理想化，如果在理论模型中同时考虑非位似偏好和异质性消费者，则势必会发现收入差距和人均收入均是影响需求结构的重要因素。在此基础之上，本书通过理论分析提出了一些理论假说，然后以联合国商品贸易统计数据库（UN Comtrade Database）、中国工业企业数据库、中国海关数据库、出口动态数据库以及全球收入不平等数据库为经济分析的数据基础，考察了收入差距对比较优势和企业出口行为的影响，并进一步考察了以收入差距衡量的重叠需求对企业出口行为的影响，得到了较为丰富且有价值的研究结论。本章首先将对前文中的研究结论进行总结和归纳，其次在此基础上提出对策建议和启示，并且提出未来的研究展望。

第一节　主要结论

一　关于收入差距影响比较优势的结论

本书从收入差距视角出发，构建同时包含异质性消费者和异质性企业的理论模型，分析收入差距、贸易自由化对比较优势的影响，并在经验上对理论命题进行验证，得出以下结论。

（一）收入差距对比较优势产生异质性影响

本书提出收入差距的扩大将有助于提升技术密集型行业的比较优势，而不利于劳动密集型行业比较优势的提升，并且验证各国收入差距

的扩大会导致其对应的比较优势越发明显。通过进一步加入资本劳动比和收入差距的交互项进行回归分析，发现随着基尼系数的增加，资本劳动比对劳动密集型行业比较优势的边际效应会下降，表明资本劳动比对技术密集型行业比较优势的边际效应会上升，这恰好证实了各国收入差距扩大会导致其对应的比较优势提升。为降低由变量度量造成的估计偏差，本书用各国滞后一期的基尼系数进行了替换研究，发现使用滞后一期基尼系数的回归结果与此前的回归结果基本一致且相对显著，再次表明本章的回归结果具有较好的稳健性。

(二) 收入差距和贸易自由化对比较优势产生协同影响

降低加权关税会导致劳动密集型行业的比较优势提升，增加加权关税会导致技术密集型行业的比较优势下降，表明贸易自由化程度低的国家在劳动密集型行业具有较强的比较优势，贸易自由化程度高的国家在技术密集型行业具有较强的比较优势。随着贸易自由化进程的持续推进，收入差距对劳动密集型行业比较优势的边际效应会逐渐下降，而收入差距对资本密集型行业比较优势的边际效应会逐渐增加。

(三) 收入差距与比较优势之间存在倒"U"形关系

本书通过作图和经验估计的方法进行研究，发现收入差距与劳动密集型行业的比较优势之间不存在明显的非线性关系，换句话说，收入差距扩大将会降低劳动密集型行业的比较优势。收入差距与技术密集型行业的比较优势之间存在倒"U"形关系，表明收入差距在一定范围内的适度扩大，将导致技术密集型行业的比较优势提升，而当收入差距超过临界值时，收入差距扩大将导致技术密集型行业的比较优势下降。

二 关于收入差距影响企业全要素生产率的结论

收入差距不仅对行业层面的比较优势具有显著影响，而且对微观企业生产率具有重要影响。本书结合第二章的理论假说，使用2000—2014年的中国海关数据库、中国工业企业数据库以及《中国统计年鉴》，构建计量模型，实证考察了收入差距对企业全要素生产率的影响，得到以下几点主要结论。

(一) 收入差距与企业生产率之间存在倒"U"形关系

收入差距与企业生产率之间存在倒"U"形关系，当收入差距小于临界值时，适度扩大收入差距将导致企业的全要素生产率上升，当收入差距超过临界值时，收入差距的扩大将抑制企业全要素生产率的提升。人口规模和人均国内生产总值作为影响需求规模和需求结构的关键指标，从侧面说明了需求侧对企业生产率提升的重要性。为了进一步检验回归结果的稳健性，本书分别通过改变解释变量和被解释变量测度等方法进行了稳健性检验，研究发现相关的回归系数显著且和基准回归结果一致，再次验证了本章回归分析的可靠性。

（二）收入差距对不同性质企业生产率产生异质性影响

首先，在分地区进行讨论时，发现三个地区中的回归系数符号与基准回归结果一致且在1%的水平上显著，东部地区和中部地区的平方项系数明显大于西部地区的平方项系数；其次，在分行业进行讨论时，发现收入差距平方项在不同要素密集型行业的回归系数均为-0.02，这体现出收入差距并未对分行业样本的企业生产率产生异质性影响，只是针对每个行业的拐点不同；最后，在分企业类别进行讨论时，研究发现收入差距与民营企业和外资企业的全要素生产率之间存在倒"U"形关系，收入差距与国有企业的全要素生产率不存在倒"U"形关系。

三 关于目的国收入差距影响企业出口行为的结论

企业的出口行为充满不确定性，目的国收入差距与需求结构和需求规模紧密相关。本书利用2001—2006年的中国微观数据，实证检验了目的国收入差距对中国企业出口行为的影响，具体有以下研究结论。

（一）目的国收入差距显著影响企业的出口行为

无论是否考虑国家层面的控制变量，目的国的基尼系数变量对出口新进入率的回归系数均显著为正，表明目的国的收入差距越高，中国企业在该市场的出口新进入率越高；目的国的基尼系数、人口规模和人均GDP变量对出口退出率的回归系数均显著为负，表明中国企业出口到收入差距、人口规模和人均GDP越高的目的国时面临越低的出口退出率；目的国的收入差距越高、人口规模越大、人均GDP越高，则中国企业在该市场的出口持续存在率和平均出口持续存在时间越高。

（二）目的国收入差距对企业出口行为产生倒"U"形影响

收入差距的平方项对出口持续存在率、出口退出率的回归系数并不显著，而对平均出口持续存在时间、出口新进入率的回归系数分别为 -0.001 与 -0.003，且至少在 5% 的水平上显著，表明目的国收入差距对企业出口的平均出口持续存在时间与出口新进入率产生了倒"U"形影响。此外，本书分区域样本对反映中国企业出口行为进行了异质性分析，回归结果与此前的结果基本一致。

四 关于收入差距相似性影响企业出口行为的结论

本书使用两个国家收入差距的相似性衡量两国需求重叠程度，通过理论分析，提出重叠需求影响出口行为的理论假说。并且使用 1997—2014 年出口动态数据库和全球收入差距数据对所得命题进行实证检验，分析了收入差距相似性对基本出口特征（如企业数量、平均出口额）、集中/多样化（如赫芬达尔指数、每家企业的平均出口 HS-6 位编码产品数量和每种 HS-6 位编码产品平均出口企业数量）、企业进入退出存活（如进入率、退出率和存活率）等的影响。具体研究结论如下。

（一）收入差距相似性显著影响企业的出口行为

第一，收入差距越相似的两国之间的贸易额越高。第二，企业出口更多产品到与本国收入差距接近的国家，意味着按收入差距衡量的需求重叠程度从扩展边际和集约边际两个方面影响了出口。第三，两国收入差距越相似，出口企业的集中度越低、每家企业的平均出口 HS-6 位编码产品数量越多、每种 HS-6 位编码产品平均出口企业数量越多。第四，企业出口到与本国收入差距越相似的国家，会面临越低的进入率和退出率、越高的存活率，而且企业的产品进入率和新产品出口额占比越低，则企业的产品退出率越低。

（二）制造业受重叠需求影响更大

第一，制造业样本在出口企业数量、现存企业数量与出口企业的平均出口额中的回归系数较全样本更大，表明制造业受两国重叠需求的影响更大。第二，制造业企业样本中对赫芬达尔指数的回归系数更大，而对平均出口 HS-6 位编码产品数量的回归系数更小，表明制造业企业在这些方面受重叠需求的影响较小，进而体现出制造业企业和全样本企业的差异性。第三，在产品进入率、现存企业新产品出口额占比与现存企业平均产品退出率方面，制造业企业受重叠需求的影响更大。

(三) 分产品类别研究时出现异质性影响

第一，如果两国收入差距的相似程度降低，则奢侈品出口企业数量与现存出口企业数量均上升，而必需品出口企业数量与现存出口企业数量均下降，这间接反映出奢侈品更多在收入差距相似的国家之间进行贸易，必需品更多在不同消费市场的国家之间进行贸易。第二，收入差距相似性对两种产品赫芬达尔指数的回归系数恰好相反，如果两国收入差距的相似程度降低，则奢侈品的企业出口集中度下降0.025%，必需品的企业出口集中度上升0.067%。第三，收入差距相似性对奢侈品和必需品每家企业平均出口HS-6位编码产品数量、每种HS-6位编码产品平均出口企业数量的回归系数同样相反，其数值分别为-0.025、-0.140、0.023和0.142，表明两国收入差距的相似性减弱，则出口国奢侈品的每家企业的平均出口HS-6位编码产品数量、每种HS-6位编码产品平均出口企业数量上升、必需品的每家企业的平均出口HS-6位编码产品数量、每种HS-6位编码产品平均出口企业数量下降，且收入差距相似性对奢侈品的企业进入率、退出率以及企业平均单价的影响程度较必需品更大。

第二节 对策建议与启示

结合以上主要结论，得出相应的对策建议与启示。

一 继续实行高水平对外开放

本书第四章的实证结果显示，关税增加将使劳动密集型行业的比较优势得到提升，而关税降低将使技术密集型行业的比较优势得到提升。长期以来，中国凭借劳动力成本低的优势，在劳动密集型行业、产品领域的比较优势较明显，为促进中国在技术密集型行业的比较优势的提升，中国应继续实行高水平对外开放，进一步培育国际竞争新优势。

(一) 实行高水平对外开放，打造现代化产业链

开放是国家繁荣发展的必由之路。改革开放以来，中国在世界经济中的地位不断提高，与各国经济间的联系更密切。未来，经济全球化和产业链、供应链、价值链的国际连接、国际经济合作，仍然是各国经济

发展的客观要求和必然趋势，只有把握趋势，才能掌握未来。在这个大环境的驱动下，中国应加快构建以国内大循环为主体、国内国际双循环相互促进的新发展格局。因此，中国应提高对外开放程度，这有助于提升中国产业链的国际化水平，为中国现代化发展提供有力保障。把发展的立足点放到国内市场和国际市场的循环中，充分发挥中国超大市场潜力与优势，不断完善国内市场体系，实现创新链、供应链、产业链和价值链的扩链、补链与强链，促进中国经济由高速发展转向高质量发展。

必须加快新发展格局的建设，构建高效规范、融合开放的国内统一大市场，积极参与国际分工合作，建设更高水平开放型经济新体制，实施更宽领域、更深层次的对外开放，同时坚持进口与出口并重、利用外资和对外投资协调，实施宽领域、深层次的对外开放，积极推动国内国际经济间的良性循环。推动贸易和投资自由化便利化，有效发挥成本优势和规模市场优势，更大程度地开放市场，更高水平地优化营商环境，为投资者提供更加公平、公正、方便和快捷的营商环境，吸引全世界的资金、人才、物流、品牌、信息、数据等优质要素不断流入，不断推动要素在国内国际的流动，加快促进产业链的国际化和现代化水平。

（二）实行高水平对外开放，培育国际竞争新优势

改革开放之初，中国充分利用土地、资源和劳动力价格低廉的比较优势，吸引国际生产要素流入，在满足国内需求的同时，提升中国产业技术发展水平，推动中国经济的快速发展。但近年来，中国劳动力、土地和资源等要素供给的价格优势不再凸显，所以需要通过实行高水平对外开放培育国际竞争新优势。

第一，继续做好产业梯度转移的工作，引导一部分生产成本较高的劳动密集型出口产业从东部地区逐步向中西部地区转移，充分发挥中西部地区在土地、劳动力等方面的低成本优势，从而使已失去的价格竞争优势回归。第二，加快培育资本与技术密集型行业的国际竞争力，要紧紧抓住新技术革命的战略机遇，增强新兴产业的国际竞争力，大力发展高技术的制造业，提高新型制造业的国际竞争力。第三，结合推进"一带一路"建设，加强国际产能合作，引导劳动密集型产业有序对外转移，努力在中国与转入国之间形成垂直分工的区域生产网络，倒逼中国向产业链上游升级，构建以中国为主的国际产业分工网络，逐步培育

价值链顶端产业并使其具备国际竞争新优势。

二 推动需求侧管理与供给侧结构性改革有效协同

(一) 精确推进需求侧管理，形成国内大市场

从需求角度来说，主要任务是提升居民消费水平，优化当前消费环境，形成国内大市场。第一，逐步降低居民杠杆率，稳步提高居民的收入水平。由于资本市场不完善、人口结构变迁、国内外经济环境恶化等原因，中国居民杠杆率近年来增长较快，在一定程度上制约了消费增长速度，加剧了市场动荡，金融风险升高。第二，优化居民收入结构，完善收入保障政策。以调整最低工资标准、提高居民收入、增加消费需求、完善社保等措施，保障中低收入群体有稳定的收入，扩大中等收入群体的消费水平，适度加大中央政府对城乡基本公共服务等方面的投资，减少三四线城市、乡村群体在公共服务上的支出，优化居民收入分配。第三，创造一个安全、优质、便捷的消费环境。深入实施质量兴国战略，推动产品品牌建设，加强消费品质量的安全监管，维护消费市场的秩序，完善电商平台建设、线上支付平台安全监管，打破贸易的空间和时间的局限性，为居民创造更加便利的条件。

(二) 形成需求牵引供给、供给创造需求的高水平动态平衡

加强前瞻性思考、全局性谋划、战略性布局、整体性推进，积极处理好局部和全局、短期和长期、国内和国外的关系。加强需求侧管理，不意味着将改革和发展重点完全从供给转向需求，而是更强调依靠深化改革打开内需的增长空间，在加快培育完整内需体系的基础上，更好协调供给与需求、投资与消费、内需与外需之间的关系，促进投资与消费之间的协调发展，形成高效率和高质量的投入产出关系，进而实现经济在高水平上的动态平衡。

供给侧要以创造需求为目标，在中国人口众多的基础上，针对广大居民对未来生活高质量追求的特点，考虑如何提高产品的品质和产品消费的适应性，以及如何满足人民日益增长的美好生活需要。通过产品品质的提高、消费契合度的增强、与居民收入增长相匹配的方式，扩大市场需求，不断创造新的市场需求，真正形成供给创造需求的良好局面。总之，要时刻关注供给侧结构性改革，重视需求侧管理，推动经济增

长，进一步完善产供销各环节间的国际化与现代化水平，从而形成需求带动供给、供给创造需求的高层次动态平衡。

三 收入差距对经济发展是一把"双刃剑"

本书对收入差距与行业比较优势、企业生产率以及出口行为的影响关系进行了理论分析和经验检验，发现收入差距扩大会导致对奢侈品或需求层级较高行业的需求规模增加，进而提升了这些产业的比较优势，企业作为微观主体可以通过规模经济效应增加收益，所对应的生产率也进一步得到提升，但本书也发现收入差距与比较优势、企业生产率与出口行为之间存在"U"形关系。

在贸易开放和经济快速发展的进程中，收入差距扩大是全球的特征性事实。通常情况下，收入差距或者收入不平等被认为是对经济社会发展有危害的，本书通过从需求侧角度出发，发现收入差距扩大并非对经济发展有百害而无一利，这也涉及经济学研究中的经典命题之一，即公平与效率之间的选择，收入差距的适度扩大促进经济向高质量、高附加值与高层级性产业发展，如果一国的收入差距长期维持较低水平，这可能并不利于经济发展，在承受收入差距负面影响的同时，也要积极挖掘收入差距带来的正面作用。收入差距既不是越大越有益于经济发展，也不是越小越有益于经济发展，所以中国应该使用再分配政策、税收政策将收入差距调控至合理区间，以促进中国高端比较优势的形成和企业生产率的提升，以及促进提升企业全要素生产率。习近平总书记指出："共同富裕是社会主义的本质要求，是中国式现代化的重要特征。我们说的共同富裕是全体人民共同富裕，是人民群众物质生活和精神生活都富裕，不是少数人的富裕，也不是整齐划一的平均主义。"[①] 总之，适度的收入差距并不可怕，应该提高对收入差距的容忍度，正确认识到收入差距对经济发展是一把"双刃剑"，既不能忽视收入差距对经济发展带来的负面影响，也要正确认识到其对经济发展的有益作用。

---

① 习近平：《习近平谈治国理政》（第四卷），外文出版社2022年版，第142页。

四　企业应该依据收入差距指标选择出口市场

中国实施出口导向的发展战略，为本国剩余产品开拓了新的市场，为发展中国家的初级产品和劳动密集型产品进入国际市场开通了一条渠道，为闲置和过剩的生产力与生产资源开发了新的市场，但其他国家新产品的不断推出，会使出口导向型企业面临严峻的挑战。因此，国家应从宏观上及时对出口导向型经济发展战略作出适当的调整，化解和降低由此带来的国际市场风险与无谓的损失；从微观上，企业应及时采取适当的策略和措施，调整企业出口产品结构，不断开发和创新新产品，将国内市场需求和国际市场需求进行匹配，充分发挥国内大市场和国际市场对企业发展的重要作用。

本书使用两国的收入差距相似程度衡量二者之间需求重叠程度，研究了重叠需求对企业出口行为的影响，发现企业更愿意出口到与本国收入差距相似的国家，且当产品出口到这类国家时，企业会面临更高的存活率和进入率。这些研究结果表明国家之间收入差距的相似程度会影响企业的出口决策。因此，在微观层面，企业在进行出口目的国选择时，应当对相关市场的收入差距等情况进行考察以降低企业的出口风险，进而促进企业在国际市场中赚取更多利润；在宏观层面，国家对企业出口决策给予一定的指导建议，也有利于中国实行稳出口的重要发展战略。

第三节　未来研究展望

本书在非位似偏好的假定下，构建了包含异质性消费者和异质性企业的理论模型，研究了收入差距对比较优势的影响，并分析了收入差距对中国企业全要素生产率和出口行为的影响，以及收入差距相似性对企业出口行为的影响。对中国培育国际竞争新优势和降低企业出口风险具有重要的参考意义。但不可否认，本书的研究在理论和经验上还存在不足。因此，未来的研究应从以下几个方面继续进行完善。

一　理论研究方面的研究展望

第一，虽然本书的理论模型是基于非位似偏好假定，但实际上使用的是 PIGL 效用函数构建理论模型。这类效用函数虽然能较为有效地解决异质性消费者框架下需求加总的问题，但本书将其简化为 CES 效用函数的复合函数，导致模型中的成本加成是不变的，即存在替代弹性不变的模型设定问题，与现实情形存在较大差异。近年来将模型推广到 VES 框架下进行分析的文献逐渐增多，但是鲜有在异质性消费者框架下进行的研究，因而这也是未来重点拓展的方向之一。第二，本书是在异质性消费者框架下进行了模型构建，但仅考虑了消费者收入存在差异的情形。事实上，消费者的异质性还体现在其他方面，例如消费者偏好存在差异、年龄存在差异等，未来研究如果在模型中能够体现出消费者更多方面的异质性，将使理论模型更具研究价值。

二 实证研究方面的研究展望

本书主要研究了收入差距对比较优势、企业的生产率以及出口行为的影响，但并不全面，因而在研究视角上有待拓展，在未来笔者将继续考察收入差距对资本回报率、企业创新、企业产品质量、对外投资等方面的影响。此外，本书主要考察收入差距对企业层面的影响，并未对消费者个体福利效应进行分析。微观经济效应既包括企业层面，也包括消费者福利层面。因此，研究收入差距对消费者福利所造成的影响，有利于更准确地评估收入差距的影响，这是未来的研究方向之一。

由于数据的可获得性，本书不能直接计算出每个国家的收入差距指标，只能使用其他机构衡量的各国基尼系数作为代理变量，使变量衡量较为单一。此外，本书使用的收入差距数据库中部分国家的数据有缺失值，所以只能缩短样本时间范围。在出口动态数据库中，只包含 38 个发展中国家和 7 个发达国家 1997—2014 年的数据，数据的样本较为有限。在分析收入差距对中国工业企业的影响时，本书利用了中国工业企业数据库和中国海关数据库，限于数据的可获得性和数据的可靠性，本书最终只用了 2000—2007 年的数据。因此，在未来构建更完善的收入差距指标，以及使用更完整、更新的数据进行研究将是可拓展和努力的方向。

参考文献

一 中文文献

习近平：《论把握新发展阶段、贯彻新发展理念、构建新发展格局》，中央文献出版社编 2021 年版。

习近平：《高举中国特色社会主义伟大旗帜 为全面建设社会主义现代化国家而团结奋斗——在中国共产党第二十次全国代表大会上的报告（2022 年 10 月 16 日）》，人民出版社 2022 年版。

习近平：《习近平谈治国理政》（第四卷），外文出版社 2022 年版。

中共中央文献研究室编：《习近平关于全面建成小康社会论述摘编》，中央文献出版社 2016 年版。

陈林：《中国工业企业数据库的使用问题再探》，《经济评论》2018 年第 6 期。

范亚舟、舒银燕：《收入不平等和经济增长非线性关系——中国数据的实证检验》，《经济与管理研究》2013 年第 1 期。

高新：《消费者异质性对中国出口贸易影响研究》，《中国经济问题》2015 年第 5 期。

黄玖立、冯志艳：《用地成本对企业出口行为的影响及其作用机制》，《中国工业经济》2017 年第 9 期。

黄先海：《中国制造业贸易竞争力的测度与分析》，《国际贸易问题》2006 年第 5 期。

李捷瑜、巩加美：《外部需求不确定性、出口网络与企业出口行为》，《国际经贸探索》2019 年第 11 期。

李世刚、李晓萍、江飞涛：《收入分配与产品质量前沿》，《中国工业经济》2018年第1期。

李卫兵、张凯霞：《空气污染对企业生产率的影响——来自中国工业企业的证据》，《管理世界》2019年第10期。

林玲、刘尧：《制度质量、行业契约密集度与出口贸易——基于中国对"一带一路"国家的出口研究》，《国际贸易问题》2018年第7期。

刘洪铎、陈和：《目的国经济政策不确定性对来源国出口动态的影响》，《经济与管理研究》2016年第9期。

刘嘉伟、邵军、施震凯：《收入不平等是否影响了出口贸易技术复杂度？》，《世界经济与政治论坛》2018年第6期。

刘生龙：《收入不平等对经济增长的倒U型影响：理论和实证》，《财经研究》2009年第2期。

鲁晓东、连玉君：《中国工业企业全要素生产率估计：1999—2007》，《经济学（季刊）》2012年第2期。

罗来军、罗雨泽、刘畅、Gunessee S.：《基于引力模型重新推导的双边国际贸易检验》，《世界经济》2014年第12期。

马弘、秦若冰：《收入水平、收入分布与进口需求》，《经济科学》2020年第2期。

毛德凤、刘华：《税费负担与企业出口行为：扩展效应和集约效应》，《国际贸易问题》2020年第7期。

毛其淋、盛斌：《贸易自由化与中国制造业企业出口行为："入世"是否促进了出口参与？》，《经济学（季刊）》2014年第2期。

潘莹：《贸易自由化、人力资本结构与比较优势研究——基于中国的理论与经验》，博士学位论文，中南财经政法大学，2019年。

钱学锋、李莹：《消费者异质性与贸易利益的个体分配：一个文献综述》，《北京工商大学学报》（社会科学版）2017年第5期。

钱学锋、梁琦：《本地市场效应：理论和经验研究的新近进展》，《经济学（季刊）》2007年第3期。

钱雪松、康瑾、唐英伦、曹夏平：《产业政策、资本配置效率与企业全要素生产率——基于中国2009年十大产业振兴规划自然实验的经验研究》,《中国工业经济》2018 年第 8 期。

邱斌、唐保庆、孙少勤、刘修岩:《要素禀赋、制度红利与新型出口比较优势》,《经济研究》2014 年第 8 期。

阮敏、简泽:《国内市场竞争、全要素生产率与国际贸易》,《科研管理》2020 年第 6 期。

沈鸿、顾乃华:《地方财政分权、产业集聚与企业出口行为》,《国际贸易问题》2017 年第 9 期。

盛丹、包群、王永进:《基础设施对中国企业出口行为的影响:"集约边际"还是"扩展边际"》,《世界经济》2011 年第 1 期。

施炳展:《补贴对中国企业出口行为的影响——基于配对倍差法的经验分析》,《财经研究》2012 年第 5 期。

舒杏、王佳、胡锡琴:《中国企业对"一带一路"国家出口频率研究——基于 Nbreg 计数模型》,《国际贸易问题》2016 年第 5 期。

孙楚仁、陈瑾、李丹:《贸易自由化、行业比较优势与企业生产率》,《世界经济与政治论坛》2019 年第 3 期。

孙俊成、程凯:《双边政治关系、产品质量与出口行为》,《世界经济研究》2020 年第 7 期。

孙林、胡菡月:《中国进口食品种类大幅增长:收入分布重叠维度的解释》,《财贸经济》2018 年第 8 期。

佟家栋、刘竹青:《国内需求、出口需求与中国全要素生产率的变动及分解》,《学术研究》2012 年第 2 期。

王贵东:《中国制造业企业的垄断行为:寻租型还是创新型》,《中国工业经济》2017 年第 3 期。

王胜:《出口退税的资源再配置效应研究》,中国社会科学出版社2020 年版。

吴功亮、林汉川、蔡悦灵、张定胜:《汇率变动、融资约束与多产品企业出口行为研究——基于生产分割视角的考察》,《国际贸易问题》2020 年第 7 期。

谢建国、赵锦春、林小娟:《不对称劳动参与、收入不平等与全球贸易失衡》,《世界经济》2015 年第 9 期。

许家云:《海归与企业出口行为:来自中国的微观证据》,《金融研究》2018 年第 2 期。

颜色、郭凯明、杭静：《需求结构变迁、产业结构转型和生产率提高》，《经济研究》2018 年第 12 期。

杨汝岱：《中国制造业企业全要素生产率研究》，《经济研究》2015 年第 2 期。

尹雯婧：《全要素生产率、经济政策不确定性和企业出口行为》，硕士学位论文，南开大学，2018 年。

袁莉琳、李荣林、季鹏：《出口需求冲击、产品组合与企业生产率——基于中国工业企业的微观证据》，《经济学（季刊）》2020 年第 4 期。

张凤、张倩慧、冯等田、季志鹏：《毗邻效应、出口经验溢出与企业出口行为》，《世界经济研究》2019 年第 12 期。

张广胜、孟茂源：《研发投入对制造业企业全要素生产率的异质性影响研究》，《西南民族大学学报》（人文社会科学版）2020 年第 11 期。

赵锦春、谢建国：《收入分配不平等、有效需求与创新研发投入——基于中国省际面板数据的实证分析》，《山西财经大学学报》2013 年第 11 期。

赵锦春、谢建国：《需求结构重叠与中国的进口贸易——基于收入分配相似的实证分析》，《国际贸易问题》2014 年第 1 期。

钟腾龙、余淼杰：《外部需求、竞争策略与多产品企业出口行为》，《中国工业经济》2020 年第 10 期。

二 外文文献

Acemoglu D. and Guerrieri V. , "Capital Deepening and Nonbalanced Economic Growth", *Journal of Political Economy*, Vol. 116, No. 3, 2008, pp. 467-497.

Adam A. , Katsimi M. and Moutos T. , "Inequality and the Import Demand Function", *Oxford Economic Thesiss*, Vol. 64, No. 4, 2012, pp. 675-701.

Alder S. , Boppart T. and Müller A. , "A Theory of Structural Change

That Can Fit the Data", *American Economic Journal: Macroeconomics*, Vol. 14, No. 2, 2022, pp. 160-206.

Alessandria G. and Kaboski J. , "Pricing to Market and the Failure of Absolute PPP", *American Economic Journal: Macroeconomics*, Vol. 3, No. 1, 2011, pp. 91-127.

Alvarez F. , Long N. V. and Poschke M. , "Capital Labor Substitution, Structural Change and Growth", *Theoretical Economics*, Vol. 12, No. 3, 2017, pp. 1229-1266.

Amiti M, Itskhoki O. and Konings J. , "Importers, Exporters, and Exchange Rate Disconnect", *American Economic Review*, Vol. 104, No. 7, 2014, pp. 1942-1978.

Antonelli G. B. , "Sulla teoria matematica dell' economia pura", Reprinted in Giornale Degli Economisti, 10, 1886, pp. 233-263.

Arkolakis C. , Costinot A. , Donaldson D. and Rodríguez-Clare A. , "The Elusive Pro-Competitive Effects of Trade", *Review of Economic Studies*, Vol. 86, No. 1, 2019, pp. 46-80.

Atkeson A. and Burstein A. , "Pricing-to-Market in a Ricardian Model of International Trade", *American Economic Review*, Vol. 97, No. 2, 2007, pp. 362-367.

Atkinson A. , Piketty T. and Saez E. , "Top Incomes in the Long Run of History", *Journal of Economic Literature*, Vol. 49, No. 1, 2011, pp. 3-71.

Behrens K. and Murata Y. , "Globalization and Individual Gains From Trade", *Journal of Monetary Economics*, Vol. 59, No. 8, 2012, pp. 703-720.

Behzadan N. , Chisik R. , Onder F. and Battaile B. , "Does Inequality Drive the Dutch Disease? Theory and Evidence", *Journal of International Economics*, Vol. 106, No. 5, 2017, pp. 104-118.

Bergstrand J. H. , "The Heckscher-Ohlin-Samuelson Model, the Linder Hypothesis and the Determinants of Bilateral Intra-Industry Trade", *The Economic Journal*, Vol. 100, No. 403, 1990, pp. 1216-1229.

Bernard A. B. , Eaton J. , Jensen J. B. and Kortum S. , "Plants and

Productivity in International Trade", *American Economic Review*, Vol. 93, No. 4, 2003, pp. 1268-1290.

Bernard, A. B., Redding, S. J. and Schott, P. K., "Comparative Advantage and Heterogeneous Firms", *Review of Economic Studies*, Vol. 74, No. 1, 2007, pp. 31-66.

Bernasconi C., "Similarity of Income Distributions and the Extensive and Intensive Margin of Bilateral Trade Flows", *ECON Working Papers*, 2013.

Bertoletti P., Etro F. and Simonovska I., "International Trade with Indirect Additivity", *American Economic Journal: Microeconomics*, Vol. 10, No. 2, 2018, pp. 1-57.

Bertoletti P. and Epifani P., "Monopolistic Competition, CES Redux?", *Journal of International Economics*, Vol. 93, No. 2, 2014, pp. 227-238.

Bertoletti P. and Etro F., "Monopolistic Competition When Income Matters", *Economic Journal*, Vol. 127, No. 603, 2017, pp. 1217-1243.

Bertoletti P. and Etro F., "Monopolistic Competition, As You Like It", *Economic Inquiry*, Vol. 60, No. 1, 2022, pp. 293-319.

Bohman H. and Nilsson D., "Income Inequality as a Determinant of Trade Flows", *International Journal of Applied Economics*, Vol. 4, No. 1, 2007, pp. 40-59.

Bombardini M., Gallipoli G. and Pupato G., "Unobservable skill dispersion and comparative advantage", *Journal of International Economics*, Vol. 92, No. 2, 2014, pp. 317-329.

Boppart T., "Structural Change and the Kaldor Facts in a Growth Model with Relative Price Effects and Non Gorman Preferences", *Econometrica*, Vol. 82, No. 6, 2014, pp. 2167-2196.

Bradford S., Das S. and Saha A., "Country Size, Per-Capita Income, and Comparative Advantage: Services Versus Manufacturing", *MPRA Working Papers*, 2022.

Brakman S. and Heijdra B., *The Monopolistic Competition Revolution in Retrospect*, Cambridge University Press, Cambridge, England, 2004.

Braymen C. and Lam E. , "Income Distribution and the Composition of Imports", *The International Trade Journal*, Vol. 28, No. 2, 2014, pp. 121–139.

Carballo J. , Handley K. and Limão N. , "Economic and Policy Uncertainty: Export Dynamics and the Value of Agreements", *NBER Working Papers*, 2018.

Caron J. , Fally T. and Markusen J. R. , "International Trade Puzzles: A Solution Linking Production and Preferences", *The Quarterly Journal of Economics*, Vol. 129, No. 3, 2014, pp. 1501–1552.

Caron J. , Fally T. and Markusen J. R. , "Per Capita Income and the Demand for Skills", *Journal of International Economics*, Vol. 123, No. C, 2020, pp. 1–18.

Chaney T. , "Distorted Gravity: The Intensive and Extensive Margins of International Trade", *American Economic Review*, Vol. 98, No. 4, 2008, pp. 1707–1721.

Choi Y. C. , Hummels D. and Xiang C. , "Explaining Import Quality: The Role of the Income Distribution", *Journal of International Economics*, Vol. 78, No. 2, 2009, pp. 293–303.

Ciani A. , "Income Inequality and The Quality of Imports", *Review of World Economics*, Vol. 157, No. 2, 2021, pp. 375–416.

Comin D. , Lashkari D. and Mestieri M. , "Structural Change With Long Run Income and Price Effects", *Econometrica*, Vol. 89, No. 1, 2021, pp. 311–374.

Costinot A. , "An Elementary Theory of Comparative Advantage", *Econometrica*, Vol. 77, No. 4, 2009, pp. 1165–1192.

Dalgin M. , Trindade V. and Mitra D. , "Inequality, Nonhomothetic Preferences, and Trade: A Gravity Approach", *Southern Economic Journal*, Vol. 74, No. 3, 2008, pp. 747–774.

Davis D. and Harrigan J. , "Good Jobs, Bad Jobs, and Trade Liberalization", *Journal of International Economics*, Vol. 84, No. 1, 2011, pp. 26–36.

Deaton A. and Muellbauer J. "An Almost Ideal Demand System", *American Economic Review*, Vol. 70, No. 3, 1980, pp. 312-326.

Deininger K. and Squire L., "A New Data Set Measuring Income Inequality", *The World Bank Economic Review*, Vol. 10, No. 3, 1996, pp. 565-91.

Demidova S., "Productivity Improvements and Falling Trade Costs: Boon Or Bane", *International Economic Review*, Vol. 49, No. 4, 2008, pp. 1437-1462.

Demir F., Ju J. and Zhou Y., "Income Inequality and Structures of International Trade", *Asia-Pacific Journal of Accounting & Economics*, Vol. 19, No. 2, 2012, pp. 167-180.

Dixit A. and Stiglitz J., "Monopolistic Competition and Optimum Product Diversity", *American Economic Review*, Vol. 67, No. 3, 1977, pp. 297-308.

Eaton J., Eslava M., Kugler M. and Tybout, J., *Export Dynamics in Colombia: Transactions Level Evidence*, Borradores De Economia, 2018.

Eaton J., Kortum S. and Kramarz F., "An Anatomy of International Trade: Evidence From French Firms", *Econometrica*, Vol. 79, No. 5, 2011, pp. 1453-1498.

Eaton J. and Kortum S., "Technology, Geography, and Trade", *Econometrica*, Vol. 70, No. 5, 2002, pp. 1741-1779.

Egger H. and Habermeyer S., "Nonhomothetic Preferences and Rent Sharing in An Open Economy", *Cesifo Working Paper Series*, 2019.

Egger H. and Kreickemeier U., "Firm Heterogeneity and the Labor Market Effects of Trade Liberalization", *International Economic Review*, Vol. 50, No. 1, 2009, pp. 187-216.

Eppinger P. and Felbermayr G., "Bilateral Trade and Similarity of Income Distributions: The Role of Second Moments", *Economics Letters*, Vol. 126, No. C, 2015, pp. 159-162.

Evenett S. J. and Venables A. J., *Export Growth in Developing Countries: Market Entry and Bilateral Trade Flows*, Manuscript, Department of

Economics, Oxford University, 2002.

Fajgelbaum P. , Grossman G. M. and Helpman E. , "Income Distribution, Product Quality, and International Trade", *Journal of Political Economy*, Vol. 119, No. 4, 2011, pp. 721–765.

Fajgelbaum P. and Khandelwal A. , "Measuring the Unequal Gains from Trade", *The Quarterly Journal of Economics*, Vol. 131, No. 3, 2016, pp. 1113–1180.

Fan H. Li Y. A. and Luong T. A. , "Input – Trade Liberalization and Markups", *HKUST Working Paper*, 2015.

Feenstra R. , "Restoring the Product Variety and Pro – Competitive Gains from Trade with Heterogeneous Firms and Bounded Productivity", *Journal of International Economics*, Vol. 110, No. C, 2018, p. 16–27.

Feenstra R. and Ma H. , "Optimal Choice of Product Scope for Multiproduct Firms Under Monopolistic Competition", *National Bureau of Economic Research Working Papers*, 2007.

Flach L. and Janeba E. , "Income Inequality and Export Prices Across Countries", *Canadian Journal of Economics*, Vol. 50, No. 1, 2017, pp. 162–200.

Foellmi R. , Hepenstrick C. and Zweimüller J. , "Non – homothetic Preferences, Parallel Imports and the Extensive Margin of International Trade", *CEPR Discussion Papers*, 2010.

Foellmi R. and Zweimüller J. , "Income Distribution and Demand–Induced Innovations", *Review of Economic Studies*, Vol. 73, No. 4, 2006, pp. 941–960.

Foellmi R. and Zweimüller J. , "Is Inequality Harmful for Innovation and Growth? Price Versus Market Size Effects", *Journal of Evolutionary Economics*, Vol. 27, No. 2, 2017, pp. 359–378.

Freund C. and Pierola M. D. , "Export Entrepreneurs: Evidence from Peru", *The World Bank Working Paper*, 2010.

Fu D. , Chen Y. and Zhang Y. , "Linder Hypothesis Revisited: Does It Hold For Services Trade?", *Economics Letters*, Vol. 195, No. C, 2020, pp. 1-3.

Gamberoni E., Lanz R. and Piermartini R., "Timeliness and contract enforceability in intermediate goods trade", *The World Bank Policy Research Working Paper*, 2010.

Goldberg P. K. and Hellerstein R., "A Structural Approach to Identifying the Sources of Local Currency Price Stability", *Review of Economic Studies*, Vol. 80, No. 1, 2013, pp. 175-210.

Gorman W. M., "Community Preference Fields", *Econometrica*, Vol. 21, No. 1, 1953, pp. 63-80.

Gorman W. M., "Separable Utility and Aggregation", *Econometrica*, Vol. 27, No. 3, 1959, pp. 469-481.

Greene, F., "Nuclear Secrecy and Foreign Policy", *American Political Science Review*, Vol. 58, No. 4, 1964, pp. 1054-1055.

Hallak J. C., "A Product Quality View of the Linder Hypothesis", *Review of Economics and Statistics*, Vol. 92, No. 3, 2010, pp. 453-466.

Heckscher E. F., *The Effect of Foreign Trade on the Distribution of Income*, Ekonomisk Tidskrift, 1919.

Helpman E., Itskhoki O., and Redding S., "Inequality and Unemployment in a Global Economy". *Econometrica*, Vol. 78, No. 4, 2010, pp. 1239-83.

Helpman E. and Krugman P., *Market Structure and Foreign Trade: Increasing Returns, Imperfect Competition and International Economy*, MIT Press, Cambridge, MA, 1985.

Helpman, E., "International Trade in the Presence of Product Differentiation, Economies of Scale and Monopolistic Competition: A Chamberlin-Heckscher-Ohlin Approach", *Journal of International Economics*, Vol. 11, No. 3, 1981, pp. 305-340.

Herrendorf B., Rogerson R. and Valentinyi A., "Two Perspectives on Preferences and Structural Transformation", *American Economic Review*, Vol. 103, No. 7, 2013, pp. 2752-2789.

Hummels D. and Lugovskyy V., "International Pricing in a Generalized

Model of Ideal Variety", *Journal of Money, Credit and Banking*, Vol. 41, No. s1, 2009, pp. 3-33.

Inmaculada M. Z. and Sebastian V., "Bilateral Trade Flows and Income Distribution Similarity", *PLOS ONE*, Vol. 11, No. 5, 2016, pp. 1-12.

Jackson L. F., "Hierarchic Demand and the Engel Curve for Variety", *The Review of Economics and Statistics*, Vol. 66, No. 1, 1984, pp. 8-15.

Ju J. D., Wei S. J., "When is Quality of Financial System a Source of Comparative Advantage", *Journal of International Economics*, Vol. 84, No. 2, 2011, pp. 178-187.

Jung J., Simonovska I. and Weinberger A., "Exporter Heterogeneity and Price Discrimination: A Quantitative View", *Journal of International Economics*, Vol. 116, No. C, 2019, pp. 103-124

Kokovin S., Ozhegova A., Sharapudinov S., Tarasov A. and Ushchev P., "A Theory of Monopolistic Competition with Horizontally Heterogeneous Consumers", *American Economic Journal: Microeconomics*, Vol. 16, No. 2, 2024, pp. 354-384.

Krishna P. and Levchenko A., "Comparative Advantage, Complexity, and Volatility", *Journal of Economic Behavior & Organization*, Vol. 94, No. C, 2013, pp. 314-329.

Krugman P., "Increasing Returns, Monopolistic Competition, and International Trade", *Journal of International Economics*, Vol. 9, No. 4, 1979, pp. 469-479.

Krugman P., "Scale Economies, Product Differentiation, and the Pattern of Trade", *American Economic Review*, Vol. 70, No. 5, 1980, pp. 950-959.

Latzer H. and Mayneris F., "Average Income, Income Inequality and Export Unit Values", *Journal of Economic Behavior & Organization*, Vol. 185, No. C, 2021, pp. 625-646.

Latzer H. and Mayneris F., "Income distribution and vertical comparative advantage Theory and evidence", *LIDAM Discussion Papers*, 2012.

Latzer H. and Simons A., "Income Distribution, Multi-Quality Firms and Patterns of Trade", *LIDAM Discussion Papers*, 2014.

Levchenko A. , "Institutional Quality and International Trade", *Review of Economic Studies*, Vol. 74, No. 3, 2007, pp. 791-819.

Levchenko A. and Zhang J. , "Ricardian Productivity Differences and the Gains From Trade", *European Economic Review*, Vol. 65, No. C, 2014, pp. 45-65.

Linder S. B. , *An Essay on Trade and Transformation*, Stockholm: Almqvist & Wiksell, 1961.

Macedoni L. , "The Effect of Per Capita Income on the Product Scope of Exporters", *FREIT Working Paper*, 2015.

Mani A. and Hwang J. , "Income Distribution, Learning by Doing, and Comparative Advantage", *Review of Development Economics*, Vol. 8, No. 3, 2004, pp. 452-473.

Manova K. , "Credit Constraints, Equity Market Liberalizations and International Trade", *Journal of International Economics*, Vol. 76, No. 1, 2008, pp. 33-47.

Markusen J. , "Explaining the Volume of Trade: An Eclectic Approach", *American Economic Review*, Vol. 76, No. 5, 1986, pp. 1002-1011.

Markusen J. R. , "Putting Per Capita Income Back into Trade Theory", *Journal of International Economics*, Vol. 90, No. 2, 2013, pp. 255-265.

Martínez-Zarzoso I. and Vollmer S. , "Bilateral Trade Flows and Income Distribution Similarity", *Plos One*, Vol. 11, No. 5, 2016, pp. 1-12.

Matsuyama K. , "Credit Market Imperfections and Patterns of International Trade and Capital Flows", *Journal of the European Economic Association*, Vol. 3, No. 2, 2005, pp. 714-723.

Matsuyama K. , "Engel's Law in the Global Economy: Demand-Induced Patterns of Structural Change, Innovation, and Trade", *Econometrica*, Vol. 87, No. 2, 2019, pp. 497-528.

Matsuyama K. , "The Home Market Effect and Patterns of Trade Between Rich and Poor Countrie", *Centre for Macroeconomics Working Papers*, 2015.

Mayda A. M. and Rodrik D. , "Why are Some People More Protectionist Than Others?", *European Economic Review*, Vol. 49, No. 6, 2005, pp. 1393-1430.

Mayer T., Melitz M. and Ottaviano G., "Market Size, Competition, and the Product Mix of Exporters", *American Economic Review*, Vol. 104, No. 2, 2014, pp. 495-536.

Mayer T., Melitz M. and Ottaviano G., "Product Mix and Firm Productivity Responses to Trade Competition", *The Review of Economics and Statistics*, Vol. 103, No. 5, 2021, pp. 874-891.

Mccalman P., "International Trade, Product Lines and Welfare: The Roles of Firm and Consumer Heterogeneity", *Journal of International Economics*, Vol. 126, No. 9, 2020, pp. 1-23.

Melitz M., "Competitive Effects of Trade: Theory and Measurement", *Review of World Economics*, Vol. 154, No. 1, 2018, pp. 1-13.

Melitz M. and Ottaviano G., "Market Size, Trade, and Productivity", *Review of Economic Studies*, Vol. 75, No. 1, 2008, pp. 295-316.

Melitz M. J., "The Impact of Trade on Intra-Industry Reallocations and Aggregate Industry Productivity", *Econometrica*, Vol. 71, No. 6, 2003, pp. 1695-1725.

Mitra D. and Trindade V., "Inequality and Trade", *Canadian Journal of Economics*, Vol. 38, No. 4, 2005, pp. 1253-1271.

Morrow P., "Ricardian-Heckscher-Ohlin Comparative Advantage: Theory and Evidence", *Journal of International Economics*, Vol. 8, No. 2, 2010, pp. 137-151.

Muellbauer J., "Aggregation, Income Distribution and Consumer Demand", *Review of Economic Studies*, Vol. 42, No. 4, 1975, pp. 525-543.

Muellbauer J., "Community Preferences and the Representative Consumer", *Econometrica*, Vol. 44, No. 5, 1976, pp. 979-999.

Ngai L. R. and Pissarides C. A., "Structural Change in a Multisector Model of Growth", *American Economic Review*, Vol. 97, No. 1, 2007, pp. 429-443.

Nieminen M., "Multidimensional Financial Development, Exporter Behavior and Export Diversification", *Economic Modelling*, Vol. 93, No. C,

2020, pp. 1-12.

Okubo T., "Firm Heterogeneity and Ricardian Comparative Advantage Within and Across Sectors", *Economic Theory*, Vol. 38, No. 3, 2009, pp. 533-559.

Osharin A., Thisse J., Ushchev P. and Verbus V., "Monopolistic Competition and Income Dispersion", *Economics Letters*, Vol. 122, No. 2, 2014, pp. 348-352.

Osharin A. and Verbus V., "Heterogeneity of Consumer Preferences and Trade Patterns in a Monopolistically Competitive Setting", *Journal of Economics*, Vol. 125, No. 3, 2018, pp. 211-237.

Piketty T. and Saez E., "A Theory of Optimal Inheritance Taxation", *Econometrica*, Vol. 81, No. 5, 2013, pp. 1851-1886.

Ramezzana P., "Per Capita Income Demand for Variety, And International Trade: Linder Reconsidered", *CEP Discussion Papers*, 2000.

Richard B. and Stoker T., "Heterogeneity and Aggregation", *Journal of Economic Literature*, Vol. 43, No. 2, 2005, pp. 347-391.

Rydzek B., "Trade Effects of Income Inequality Within and Between Countries", *University of Zurich Department of Economics Working Paper*, 2013.

Samuelson P. A., *Foundations of Economic Analysis*, Cambridge: Harvard University Press, 1947.

Sheu G., "Price, Quality, and Variety: Measuring the Gains from Trade in Differentiated Products", *American Economic Journal: Applied Economics*, Vol. 6, No. 4, 2014, pp. 66-89.

Simonovska I., "Income Differences and Prices of Tradables: Insights from an Online Retailer", *Review of Economic Studies*, Vol. 82, No. 4, 2015, pp. 1612-1656.

Solt F., "Diversionary Nationalism: Economic Inequality and the Formation of National Pride", *LIS Working papers*, 2008.

Stolper W. and Samuelson P., "Protection and Real Wages", *Review of Economics and Statistics*, Vol. 9, No. 1, 1941, pp. 58-73.

Tarasov A., "Consumer Preferences in Monopolistic Competition Models", *University of Munich Discussion Papers in Economics*, 2010.

Tarasov A., "Trade Liberalization and Welfare Inequality: A Demand-Based Approach", *Scandinavian Journal of Economics*, Vol. 114, No. 4, 2012, pp. 1296-1317.

Theil H., "Linear Aggregation of Economic Relations", *The Economic Journal*, Vol. 65, 1955, pp. 522-523.

Yoshiyasu O., "Country Size, Specialization Patterns and Secular Demand Stagnation", *CESifo Working Paper*, 2017.

后　　记

以梦为马，不负韶华。值此中华人民共和国成立75周年之际，感谢党和国家对我的培养，祝愿祖国繁荣昌盛、国泰民安。回首过往，历历在目，感慨颇多，尤其当出版社王曦老师和我说起这本书还缺后记，我竟然不知道从何时谈起，也不知从何处落笔。只能说这一路走来真的很不容易。

本书是在我的博士论文基础上修改完成的。在收到博士录取通知后，我便立即去请教导师钱学锋教授接下来该做什么准备，钱老师建议我认真阅读并推导企业异质性贸易理论的相关经典文献，并强调在撰写论文前要打好理论模型基础，所以我花了大量时间用于钻研如何构建国际贸易理论模型。后来某一天，老师让师妹把搜集到的异质性消费者的文献通过邮箱发我，刚开始我并不了解为什么要研究异质性消费者，也不了解它会产生哪些方面的影响，但经过对相关领域经济学者研究动态的持续跟踪与文献积累，逐渐发现此领域的较多论文替换了此前模型中位似偏好或代表性消费者的假设，这使得研究视角从供给侧转向需求侧，从需求侧视角探索国际贸易的相关问题在我的脑海中逐渐形成。

在确定好研究方向后，我便开始对 Markusen、Matsuyama、Caron、Tarasov 和 Föllmi 等主要学者研究动态的持续跟踪与文献积累，梳理所有消费者偏好的类型以及特定，以及思考如何将非位似偏好和异质性消费者进行结合，通过一定时间的研究，我逐渐发现同时替换这两个假设条件，就会转化为研究收入差距的影响。在确定从需求侧的收入差距进行研究后，我便开始思考要具体分析哪些方面的问题，通过与导师和研究团队的频繁讨论，逐渐确定了本书的写作框架、结构和内容，相关议题包括产业比较优势演进、企业全要素生产率、企业出口行为等。即将付梓之际，最想表达的是感谢二字。

  首先，我要感谢我的博士生导师——钱学锋教授。作为国际贸易领域的杰出学者，钱老师温文尔雅，治学严谨。记得考博前与老师第一次见面时，我表现出了较强的自卑感，钱老师便对我说"不要妄自菲薄"，并鼓励我要在攻读博士学位期间努力赶上。钱老师不仅在精神上给予了足够的鼓励，而且在物质上给予了特别多的资助，很大程度上减轻了我的经济压力，并且资助我去参加了多次学术会议和软件培训。钱老师在担当院长之后，每天有处理不完的行政事务，尽管如此，他依然非常注重与学生的交流，每周一晚上都会准时和我们见面，耐心地帮我们解决学习中遇到的难题，可以说每周一晚上的研讨会就像一次学术加餐。在与老师四年的相处时间里，钱老师的三个教诲让我深刻铭记：第一，为学先为人，做事先做人；第二，为学重无用；第三，阅读国外文献不是崇洋媚外，学习国外文献是为了用更前沿、更科学的方法研究中国的实际问题。当我感到博士论文有可能不能如期完成时，我带着沮丧且害怕的语气给老师打电话，是他的耐心讲解和开导让我又充满了信心，如果没有钱老师对我的悉心指导，我不可能完成我的博士论文。另外，我要特别感谢钱老师的国家自然科学基金项目"消费者异质性与贸易利益的个体分配效应研究：理论与中国经验"（71773142）的支持。

  其次，感谢中南财经政法大学工商管理学院的各位领导和老师，尤其是贸易领域的"中南派"老师。感谢黄汉民教授、张华容教授、张建民教授、曹亮教授、田毕飞教授、宋伟良副教授、席艳乐副教授、胡宗彪副教授、闫文收副教授、赵曜副教授、李敬子副教授、何祚宇博士等在学业上给予的指导，感谢日本东北大学曾道智教授对理论模型推导以及工作推荐给予的帮助，感谢《中南财经政法大学学报》编辑部易会文老师在论文撰写过程中给予的指导和帮助。此外，我要感谢母校中南民族大学经济学院的湛柏明教授、梁世夫教授、李俊杰教授、成艾华教授、陈祖海教授、李波教授、孟庆雷副教授、刘家悦副教授等，各位老师一直通过各种方法和渠道关心我的动态，尤其我特别要感谢湛柏明教授和孟庆雷副教授，是他们俩坚定了我继续深造的决心，永远不会忘记两位老师对我的恩情。

再次，感谢我的各位同门与同学。其中有已经毕业走上工作岗位的毛海涛副教授、王胜副教授、王备副教授、潘莹博士、范冬梅博士、刘钊博士、裴婷博士、孙曼玉博士、李莹博士、张洁博士等师兄师姐，也有还在学校学习的何咏雪、高婉、向波、路佳佳等师弟师妹，还有与我一同入学攻读博士学位的龚联梅博士、孔令乾博士、刘燕博士和孙茜博士。在理论模型学习方面，毛海涛师兄和张洁师妹一直是我学习的榜样，他们对数理模型的痴迷程度让我钦佩，每当我遇到模型推导难题时，他们总能抽出时间帮我解决问题。在计量软件学习方面，王备师兄、龚联梅博士和高婉博士等对实证研究具有清晰且缜密的思路，在我实证分析出现问题时提供了特别多的帮助。与此同时，也要感谢雷朱家华博士、丁莹博士、王恒丽博士、赵凡博士和王海峰同学在学习和生活中对我的帮助和关心。

最后，我想要感谢我的家人。感谢我父母一直以来对我的支持和关怀，读博期间，当我看到身边同龄人都已经赚钱养家回报父母，而我依然靠父母接济，这让我有时候感到焦虑和羞愧，而我父亲经常对我说"赚钱不是你该操心的事情，你的任务是学习，我少抽几盒烟就有了"，虽然他实际上也没少抽几盒烟，却在很大程度上让我减轻了心理负担，我的母亲是一个智慧、贤惠的女人，她从来不给我制定任何目标，只是默默无闻地鼓励我。非常幸运，我还有个妹妹，她毕业后一直在家乡替我照顾父母，这让我在外没有任何后顾之忧。在2018年，我和我的高中同桌从校服到婚纱，迈入了婚姻的殿堂，我要感谢我的岳父岳母，当我还是个一无所有的学生时，将他们的掌上明珠嫁于我，在物质上和精神上一直鼓励我。最后的最后，我要特别感谢我亲爱的老婆，她本科毕业后，为了和我在一个城市生活，毅然决然放弃了一家世界500强跨国企业的工作，不远千里来到武汉寻找工作机会。最初在一家食品公司做质检工作，经常要上夜班，为此经常感到睡眠不足、身体不适，后来进入一家车险公司做销售，有时候也会因为业绩考核压力而崩溃大哭，最后她通过自己努力考上了公务员，终于不用再像之前那样颠沛流离。除了在工作上不断进取，她还总是把家里照顾得很妥帖。当知道我博士要延迟一年毕业时，她曾耐心劝慰我鼓励我，使我最终有勇气积极面对。

为了我的职业发展和更多的机会，她愿意为我放弃如今安稳的工作，她说"我任何地方都可以去，什么工作都可以做"。正所谓古有孟母三迁，今有岳妻三迁。我想对她说，非常幸运能在高中时代遇见你，你的前半生我来不及参与，但你的后半生我将为你风雨无惧，往后余生还请多多指教。

感谢中国社会科学出版社王曦老师的细致与耐心，使本书增色不少。感谢兰州大学经济学院的各位领导和老师，在生活和工作中给予我的指导和帮助。

纸短情长，道不尽一路走来的所有故事，忆往昔，峥嵘岁月稠。1942年11月10日，英国首相温斯顿·丘吉尔在阿拉曼战役庆祝午宴上有句经典名言："这不是结束，甚至不是结束的开始，而可能是开始的结束。"在未来日子里，我将继续努力奋斗，认真负责地培养学生，活到老，学到老，不忘初心，牢记使命，到达我梦寐以求的彼岸。

Nothing is Final！！！

龙世国谨记于兰州
2024年11月1日